# 回话有招

沟通研习社 编

北京日报出版社

图书在版编目（CIP）数据

回话有招/沟通研习社编.--北京：北京日报出版社，2024.8(2025.1重印).--ISBN 978-7-5477-4973-9

Ⅰ.C912.11

中国国家版本馆CIP数据核字第2024XW8923号

## 回话有招

出版发行：北京日报出版社
地　　址：北京市东城区东单三条8-16号东方广场东配楼四层
邮　　编：100005
电　　话：发行部：（010）65255876
　　　　　总编室：（010）65252135
印　　刷：运河（唐山）印务有限公司
经　　销：各地新华书店
版　　次：2024年8月第1版
　　　　　2025年1月第2次印刷
开　　本：880毫米×1230毫米　　1/32
印　　张：6.5
字　　数：180千字
定　　价：48.00元

版权所有，侵权必究，未经许可，不得转载

# 目录
# Content

**Part 1 职场交流技巧，助你节节高升 / 1**

听出面试官意图，妙答面试难题 / 2

面对上级的批评，怎么回话不招烦 / 9

身为领导不容易，如何消除部下的敌意 / 14

积极的批评方法 / 16

一分钟解决难缠的谈判对手 / 21

这样回复客户，订单源源不断来 / 30

**Part 2 人情往来，如何说难说的话 / 37**

这样拒酒，既巧妙又有趣 / 38

巧妙应对故意刁难之人 / 46

巧妙应对傲慢之人 / 52

平和以对尖酸刻薄之人 / 59

谨慎处理话不投机的局面 / 66

妙用激将，让对方乖乖顺你的意 / 73

**Part 3** 日常人际交往，如何回话人人爱 / 79

不要在别人面前喋喋不休 / 80

抓住重点，避免无章法问答 / 89

把握说话的时机 / 96

说话曲直应有度 / 103

把握好说话轻重的分寸 / 109

调解纠纷时的说话技巧 / 115

中途插话是一门艺术 / 124

**Part 4** 两性情感沟通，语言让感情升温 / 131

相亲时该如何交谈 / 132

这样说话，才能让心仪的人一直和你聊天 / 143

幽默的灵魂更有趣 / 152

聪明的妻子，这样回复老公 / 159

聪明的老公，这样回复妻子 / 165

**Part 5** 家校日常沟通，为孩子搭建一座桥 / 173

与老师沟通有技巧 / 174

千万不要对孩子说的话 / 181

与其他家长的沟通秘诀 / 189

避免三极端认知，营造积极健康的家庭氛围 / 195

# Part 1
## 职场交流技巧，助你节节高升

## 听出面试官意图，妙答面试难题

"你被缩小到一枚硬币大小，扔进搅拌机。你的质量减少，密度不变。搅拌机片60秒内就会开始搅拌，你会怎么办？"

如果面试官问你这个问题，你会不会以为他在开玩笑？又或者感到愤怒，认为面试官是在故意刁难你，想拿你寻开心？先不要生气，调整一下情绪，这道面试题并不是玩笑，而是谷歌面试时最著名的难题之一，被称为"搅拌机谜题"。类似的问题还有：请代拟一份合同，内容是"把谷歌联合创始人谢尔盖·布林的灵魂卖给魔鬼"，合同必须在30分钟内发到布林的邮箱；一辆校车内可以容纳多少个高尔夫球；擦洗西雅图所有窗户，要花费多少钱……

在这些问题的"刁难"下，谷歌成功刷下了一轮又一轮面试者，每130个人中只有一个幸运儿。其实，不仅仅是谷歌，很多公司也都是如此。之所以设计这样刁钻的题目，是为了用最快的效率筛选求职者，确定哪些人才是公司真正需要的，没有人喜欢跟你"闹着玩"，也很少有人愿意把时间浪费在刁难上，理解这一点非常重要，因为它与你的情绪密切相关。

心理学告诉我们，当人陷入紧张时，会激活自主神经系统中的"应激响应"，导致身体上出现一系列变化，如心率加快、血压升高、呼吸加快、肌肉紧张等。此时，人的大脑皮层功能受到抑制，对外界刺激的处理能力下降，出现注意力不集中、思维混乱、决策能力下降。简单来说，就是理智缺失，情绪开始占领智商"高地"。

所以，先深呼吸稳定情绪，在心里告诉自己：招聘者问的每个题目，都有其想要考察的内容，绝不会是故意刁难，然后再开始分析问题。

接下来是如何进行思考。我们普通人考虑问题时会有一个思维习惯，容易以自我为中心，想"我该怎么办"。在面试时，这种思维方式是很吃亏的，因为主导权不在你手上，而是在面试官手上，你做得再好，如果不符合面试官的心理预期，结果也不会太好。

所以，我们要使用逆向思维，思考"他想让我怎么做"。接下来，我们以开头的第一个问题来举例：你被缩小到一枚硬币大小，扔进搅拌机。你的质量减少，密度不变。搅拌机片60秒内就会开始搅拌，你会怎么办？

按照常规解题思路，你可能会想象一个缩小版的你，真的掉进了搅拌机里，像一只坐井观天的青蛙，只能看到一方圆圆的天空。现在，以你的视角为中心，你会观察到搅拌机的刀片和四周的内壁。然后从硬币大小的角度出发，想象如何利用搅拌机内的空间和结构，来最大限度地保护自己，减少受到刀片的伤害或被搅拌的可能性。

**思路一**：躲在内壁和刀片之间的缝隙处，避免被刀片划到。

**思路二**：躺在刀片下面。

**思路三**：如果你懂一点物理学，也可以利用这点时间爬到刀片的旋转轴上，因为那里的离心力最小。

**思路四**：寻求外界帮助，比如大声呼救等。

然而，这些解题方法全都是错误的，因为前三种方法只能拖延时间，不能从根本上解决问题。最后一种方法又很难起到效果，因为不确定因素太多，既然你是被扔进搅拌机的，那就意味着，外界很可能全是想要置你于死地的人。

那到底该怎么解决呢？现在让我们换一个角度考虑问题，面试官这样问想要考察的究竟是什么能力呢？再看一遍题干："你被缩小到一枚硬币大小，扔进搅拌机。"这是对情景的描述，没有什么有用的信息。"你的质量减少，密度不变。"这是一句包含物理要素的表述。最后一句"搅拌机片60秒内就会开始搅拌"仍然是对客观环境的描述，所以，重点就在第二句。

现在让我们回想一下万有引力定律：万有引力的大小与它们质量的乘积成正比，与它们距离的平方成反比。也就是说，质量减少，意味着你受到地球引力的作用减小了。所以，正确答案是：从搅拌机中跳出来。

谷歌这道面试题，要考察的是以下四项能力：

▷ **情绪控制能力**：在面对一个看似荒谬的"刁难"问题时，你是否能够快速冷静下来。

▷ **创造性解决问题的能力**：需要你以非常规的方式思考，寻找出路。正确的答案并不是通过直接回答如何避开刀片或隐藏在搅拌机内部，而是想到质量减少会减小自身受到的引力，从而能够跳出搅拌机。

▷ **物理思维能力**：理解质量与地球引力的作用。

▷ **结构化思维能力**：能否排除干扰信息，第一时间发现关键要素。

## 深层逻辑

◇ 控制情绪，保持冷静，放松心态。

不要以自我为中心去思考，而应想象面试官期望的解决方式。考虑面试官想要看到的是什么能力，然后从这个角度出发思考问题。

◇ 尝试从不同的角度、以不同的思维方式解决问题，提出新颖的解决方案。

◇ 快速分析和理解问题的关键要素，排除干扰信息，集中注意力解决问题的核心。

◇ 在解答问题时，清晰地表达自己的思路和解决方案。即使答案不正确，也要展示出清晰的逻辑和思考过程。

除了这种看似"刁难"，实则为了考察的难题之外，面试过程中，面试官还有可能会提出其他令人尴尬的问题，对我们来说，就要以不变应万变。

这样应对尴尬问题，面试成功一半。

> **问题一：**
> 面试官说：你的学历有点低呀。
> 意图：担心你能力不足，无法胜任这份工作。

### 😐 一般回答

上学时不知道努力，不过我一定能胜任您这里的工作。

### ☹ 低情商回答

你们公司也不怎么高端啊，看不起谁呢？

高学历能来你这里？

### ☺ 高情商回答

是的，但我认为能否胜任工作，能力更重要。这些年我做过不少项目，也取得了很多成绩，我有信心能够胜任这份工作。

您说得对，"知耻而后勇"，正因为我明白自己过去的不足，所以在踏入社会之后才更加努力，取得了很多成绩。我的简历您看过了，让我过来面试，就证明我跟这个岗位的匹配度还是比较高的，我一定会珍惜这次机会。

**问题二：**

面试官说：你有对象吗？

意图：担心你因为感情问题影响工作。

☺ **一般回答**

有了 / 没有

☹ **低情商回答**

我看不上你。

我有没有对象，跟工作有什么关系？

怎么，你们是招员工还是开相亲大会呀？

☺ **高情商回答**

是的，我已经有对象了，所以才要努力工作，攒钱买房结婚。

没有，暂时也不考虑感情问题，事业优先。

是的，而且我们已经见过家长了，现在处于感情稳定期，准备过两年结婚。

**问题三：**

面试官说：你是应届毕业生，应该没什么经验吧？

意图：只有一个，就是想压价。他既然已经看了简历，还让你来面试，证明这份工作经验根本不重要。

## ☺ 一般回答

对啊,应届毕业生肯定没有经验。

## ☹ 低情商回答

你不知道?

你没看简历吗?

想压价就直说,拐弯抹角有什么意思?

## ☺ 高情商回答

是的,我确实是应届毕业生,但是对咱们这个行业已经了解了很长时间,做了很多功课,相信能够胜任。

是的,我刚毕业,在经验方面确实会比较欠缺。但是我上学时经常在咱们这个行业做兼职,学习能力和责任心很强,希望能得到这次机会。

## 面对上级的批评，怎么回话不招烦

在职场中，犯错在所难免，面对上级的批评，很多人把它当作职场危机而情绪紧张，不知道该怎么回话。老子说："祸兮，福之所倚；福兮，祸之所伏。"只要掌握正确的回答方式，就不仅能够展现出你的职业素养，还能在不利的局面中找到向上突破的机会。

首先要迅速调整情绪，让自己冷静下来，分析领导批评你的原因，大致有三种情况。

第一种，领导想要通过批评你给自己立威，维护团队纪律，或者在更大的领导面前展示自己的领导力，这类批评一般不涉及具体的工作内容。这种情况下，领导要的是你的态度，千万不要忙着给自己辩解，而是要顺水推舟，顺着领导的话去说。

比如，领导说："你最近工作怎么这么不用心？越来越马虎了。"你如果问他："我哪里不用心？"这就是跟领导"硬刚"，让他下不来台。不妨采用高情商的回答策略来展现自己的态度。

### 应对策略

**策略一：积极认同，展示改进意愿**

示例回答："领导批评得对，我认为自己确实有进步的空间。

我会更加用心，避免未来出现相同的问题。"

策略二：表达感激，请求具体指导

示例回答："感谢领导的指点，还有哪些方面做得不足，也希望领导一并指出。"

策略三：承诺具体行动，寻求进一步沟通

示例回答："我明白您的担忧，我以后会盯着这方面的，希望以后还能得到领导的指点。"

**第二种**，涉及具体的业务内容，也确实是你做错了。这种情况下，一定不要敷衍了事，简单地用"我错了"之类的回答，也不要给自己找借口，把责任推给别人。对于你来说，这是一次难得的沟通机会。

## 应对策略

策略一：承认错误，表达歉意

示例回答："这确实是我的问题，非常抱歉，我马上去改，改到您满意为止。"

策略二：提出解决方案，避免问题再次发生

示例回答："除了纠正这个错误之外，我还制订了一个计划来防止类似问题再次发生。我已经列出了几个步骤，包括定期检查和团队沟通机制的改进，您有时间的话可以看一下。"

策略三：请求反馈，展现学习意愿

示例回答："这份报表已经改完了，我还想请教一下我在工作方面还有哪里做得不好。"

第三种，领导说错了。这种情况一定要小心应付，不要在人多的时候正面"顶牛"，找机会、换个地方解决问题效果更好。

## 应对策略

### 策略一：私下沟通，委婉表示

找一个合适的时间和私密的场合，以平和和尊重的态度向领导提出你的观点。可以说："您看一下，是不是平时太忙了，没有注意到这里？"

### 策略二：表达感谢，用事实说话

提供具体的证据或数据支持你的观点。同时，确保语气是寻求解决问题的，而不是指责或自我辩护。可以说："我非常感谢您对我的工作的关注。关于您提到的问题，我有一些数据和信息想跟您一起看一下，不知道您有没有时间？"

### 策略三：表达愿意改进的态度

展现出你愿意从批评中学习和改进的态度。可以说："我知道您是想把工作做得尽善尽美，咱们的目标是一样的，都希望公司越来越好。我做得也确实有些问题，感谢领导指正。"

## 深层逻辑

◇ 展现态度，在承认错误时，避免使用模糊的语言。

◇ 明确指出错误并展示你的诚意和改进的决心。

◇ 在提出解决方案时，确保你的计划是实际可行的，并且已经考虑了所有相关的因素。

◇ 在请求反馈时，表现出真正的开放和接受的态度，不要敷衍。

### 这样和领导沟通，可以帮你升职加薪：
完成一项任务下班时，领导说：辛苦了。

### ☺ 一般回答

谢谢领导，应该的。

不辛苦，不辛苦。

### ☹ 低情商回答

看我们这么辛苦，也不表示表示？

### ☺ 高情商回答

王经理比我更辛苦，昨天比我走得还晚，只是您正好看到我了。

谢谢领导关心，跟您相比，这点辛苦算不了什么。

谢谢领导，这段时间大家都挺辛苦的，不过只要公司好，再辛苦都值得。

Part1 职场交流技巧，助你节节高升

谢谢领导，不怕累，累一阵子；怕累，累一辈子。辛苦我不怕，就怕给您掉链子。

## 身为领导不容易，如何消除部下的敌意

通用电气(GE)前董事长兼CEO杰克·韦尔奇曾说："管理就是沟通，沟通，再沟通。"作为领导，与其说是管理公司，不如说是管人，而管人最重要的就是沟通得法。部门里人多了，难免会有"刺儿头"，有的是因为能力强而不服管，有的可能是对工作或领导方式不满，有的认为领导还不如自己。面对这些挑战，想做好领导确实不容易。因此，领导说话时，要更加注意方式和方法，避免因为管人不当，影响企业发展。

曾国藩手下就有很多能人，他管人的原则是"扬善于公庭，规过于私室"。下属有成绩时，一定要在公开场合表扬；下属有过错时，一定要避开公开场合，私下解决。

比如，曾国藩手下有个叫吴坤修的人，翰林出身，很有才华。曾国藩觉得他说话有问题，就专门写了一封信，内容大致是：

你很聪明，也很会说话，但缺点是牙尖嘴利，喜欢咄咄逼人，不给别人留脸面。你可能认为这是你的本事，但在别人看来，这是很让人生厌的。你这样做，很容易因为言语得罪人，招致怨恨，不要光盯着别人的短处看。

还有一个叫丁日昌的人,被称为"不世之才",提出了很多精辟见解。曾国藩觉得他为人耿直,但有些不近人情,也给他写了一封信,大概意思是:

你志向高远,一定能够成就一番丰功伟业。但就是做人太"清醒"了,一是一,二是二,不懂得装糊涂。以后讲话尽量温和一点,照顾一下别人的感受,这样人家才能听得进去。

从这两封信我们可以看出,曾国藩规劝下属,都是采用写信的方式,这样可以避免公开指责造成的尴尬。再看信的内容,开头都是赞赏,对下属表示充分肯定。接着是指出问题。吴坤修的问题是咄咄逼人,丁日昌的问题是不懂得装糊涂,可见曾国藩对下属了如指掌。最后,信中都指出了这些问题导致的后果:容易得罪人。

我们来总结一下曾国藩的策略:

## 个性化反馈

▷ **认识到每个人的独特性**:了解下属的个性和背景,根据他们的特点和需要进行个性化的反馈。

▷ **私下沟通**:对于敏感或可能引起反感的反馈,选择适当的私密环境,避免在他人面前提出。

## 积极的批评方法

正面开场
曾国藩
陈国瑞
你作战勇猛，战功卓著，但是脾气暴躁。
具体举例
你与江南提督李世忠大打出手，各有死伤，事情闹得很大。
指出问题的后果
你这脾气，若不能改，就要撤销职务了。

## 渐进式纪律

▷ **明确表达期望与后果**：曾国藩先是私下与陈国瑞沟通，希望他能够自我反省并改正，这一步骤展现了对个人改变的信任和期望。在现代职场，这对应于明确地向员工表达期望，并指出如果不遵守将会面临的后果。

▷ **逐步升级处罚**：当初步沟通无效时，曾国藩采取了更严厉的措施，首先是建议保留其职务，但记录其不良行为；继而建议撤销职务。在现代职场，这等同于实施渐进式管理，先是警告，随后可能是暂时的职责调整，最终可能是解雇。

▷ **保留最后通牒**：曾国藩直到最后才展示了建议撤销陈国瑞职务的奏折，这意味着他给了陈国瑞多次机会改正。在管理中，应当将最严厉的措施作为最后的选择，确保员工有充足的机会来改进自己的行为。

## 深层逻辑

◇ 先肯定优点，再指出问题。

◇ 在提出批评或反馈时，领导应当展现出真诚的关心和希望被批评者改进的愿望。这种态度能够鼓励开放的对话，减少防御心理。

◇ 在指出问题时，使用具体且明确的语言，这有助于被批评者清晰地理解问题所在，从而更容易接受和采取行动。

◇ 明确告知如果未能满足这些期望将会面临的具体后果。

◇ 指出问题的同时，提供具体的改进建议或行动计划，帮助员工看到改进的路径，增强其解决问题的能力。

## 和员工这样沟通，提高内部凝聚力

### 场景一：员工在工作上出错时

#### 🙂 一般说法

你怎么老是这么粗心，这东西也能出问题？

你学学小王，看看人家是怎么工作的。

#### 🙁 低情商说法

你眼睛是干什么吃的？用不上可以捐给有需要的人。

你这种工作态度，公司养你做什么？

你是脑子不够用还是手不够用，怎么老出问题？

#### 😊 高情商说法

工作嘛，出问题是在所难免的。但凡事就怕"用心"二字，该用心的时候就要用心呀，下不为例，你能力这么强，一定没问题吧？

这个问题有点严重呀,我倒是没什么,可咱们公司这么多双眼睛都看着呢,还是得按规章办。你放心,只要用心工作,这次的损失以后肯定给你补上。

你的工作能力,在咱们整个公司都是数一数二的,出现这样的问题实在是不应该呀,是不是有什么特殊原因?

## 场景二:员工多次迟到

### ☺ 一般说法

你这个月第几次迟到了?

一点时间观念也没有。

你怎么老是迟到?

### ☹ 低情商说法

你要是不想干就走,没人逼着你上班。

你怎么回事,我都不好意思说你。

你看看你,像什么样子。

### ☺ 高情商说法

哎呀,今天又迟到了,是路上堵车了还是身体不舒服?有什么困难可以跟我说,我想办法帮你解决。不过嘛,制度毕竟是制度,下次再有什么情况,提前跟我或者跟人事打个招呼。

我看你这两天精神头不好,是不是晚上睡不好,早上起不来？我有时候也这样，不过觉还是要睡好的，不然一天都没精神。你好好调整一下，年轻人也要注意身体。这次的处罚就免了，但再有下次可要一起算上了。

# 一分钟解决难缠的谈判对手

## 谈判的本质是博弈

谈判是职场和生活中最常见的对话场景。这里为什么要用"最"呢？因为所有涉及自己与他人利益冲突的谈话，都可以叫作谈判。就算是日常生活中，谈判的场景也无处不在。

比如，妈妈不让孩子吃糖，孩子不愿意，双方发生对抗，这就是典型的谈判场景。妈妈的要求是：不要吃糖；孩子的要求是：我就要吃糖。又如，夫妻吵架，妻子说丈夫不做家务，每天回来就知道躺在沙发上玩游戏，丈夫说自己上班太累了，只是想放松一下，这也是典型的谈判场景。妻子的核心诉求是：让丈夫分担家务或者和自己多一点相处时间；丈夫的核心诉求是：我要休息。再深挖一层，丈夫可能认为，自己努力工作，已经尽到了夫妻之间应有的义务，做家务不在自己的义务范畴之内。

职场中的谈判场景就更多了。老板要求员工加班，员工心里老大不情愿，但还是迫于压力留了下来，这是谈判成功。员工不加班，并且选择"整顿职场"，当着所有员工的面给了老板一记重重的"下马威"，这是谈判失败。员工觉得工资太低，想让老板涨一点，老板不仅根本不搭理,还让员工爱去哪去哪,这是谈判失败。员工捏着老板的把柄要求涨工资,老板迫于无奈答应了,这是谈判成功。

谈判的本质是博弈,因为在谈判过程中,必然涉及双方或多方利益的交换和平衡。你一定也发现了,我们上面所提到的所有谈判场景,一方的成功,就意味着对方的失败,这类谈判叫作零和博弈。

## 零和博弈

零和博弈是博弈论中的一个重要概念,指的是参与者的利益与损失之和始终为零,即一个参与者利益的增加必然导致其他参与者利益的减少。就像两个孩子分蛋糕,蛋糕总量不变,一个多分,另一个注定会少分。除了总和为零外,零和博弈还有下面几个特点:

▷ **竞争性**:零和博弈通常是竞争性的,参与者之间存在明确的利益冲突。每个参与者都追求自身利益最大化,同时要考虑其他参与者的行为如何影响自己的利益。

▷ **固定的资源**:零和博弈通常在资源有限或固定的情况下进行。参与者争夺有限的资源或利益,因此一个人的收益必然导致其他人的损失。

▷ **非合作性**:由于参与者的利益存在对立,零和博弈通常是非合作性的。参与者倾向于采取自己的最佳策略,而不考虑其他参与者的利益。

▷ **博弈解的特点**:在零和博弈中,博弈解通常是纳什均衡。纳什均衡指的是一种策略组合，其中每个参与者选择的策略是在其他参与者的策略给定的情况下最优的选择。

因为零和博弈中必然有一方利益受损，所以也是相对比较难的一种谈判形式。但这种博弈又是生活和工作中最常见的。因此，必须掌握一定的技巧，才能在这类谈判中获得优势，掌握主动权。

## 策略一：目标设定

▷《孙子兵法》中说："知彼知己，百战不殆。"在谈判之前，明确自己的目标和底线，然后在底线上加码，给对方留下讨价还价的空间。这就是我们平时所说的"漫天要价，就地还钱"。

▷ 了解对方可能的期望和底线。

## 策略二：谈判前的准备

▷ 获取关键信息，包括对方的利益驱动、态度和谈判风格等，以便做出更好的应对。

▷ 分析谈判背景和环境，评估对方的实力和可能的行动。

## 策略三：沟通和表达技巧

▷ 使用有效的沟通技巧，包括倾听、提问和表达，以确保双方的信息能够有效传达和理解。

▷ 保持冷静和专业，避免情绪化的反应，切忌使用威胁等方式。

▷ 站在对方的角度组织话术。

**策略四：保持自信和耐心**

▷ 在谈判过程中保持自信和耐心，不要轻易放弃自己的立场和利益。

▷ 避免过度的妥协或让步，同时也要识别出可以做出的合理让步，以推动谈判的进展。

▷ 谨慎评估风险和后果。

下面，我们以要求老板涨工资为例，看一看这些策略在职场中的实际应用。

首先，我们要有明确的目标，然后抬高价码。比如，如果你想涨薪 3000 元，那谈判时就要把目标设定在 5000 元，给对方留下"砍价"的空间。

其次，我们还要对自己的能力和定位有一个明确的认知。在同行中，你的技能、资历、资源和工作经验，是否支持你去进行涨薪谈判。老板花同样的钱，能不能招聘到和你相同或者类似的员工，老板如果不给你涨薪，你的底牌是什么，打出去能起到什么效果？

之后是组织话术，涨薪谈判有三个大忌一定要清楚。

**第一，切忌威胁**

威胁为什么没用？因为在职场中，老板始终占据主导地位，会把威胁视为对自己权威的挑战，因此威胁极易导致反感和防御心理，使局面进一步恶化，起到反作用。就算老板真的想给你涨工资，把你留下，但激发防御机制之后，也会让你离开。

## 第二，切忌与他人对比

例如找老板说："小江比我来得晚，凭什么工资比我高？""咱们部门里，就我工资最低。""我辛辛苦苦干了这么多年，工资就比新来的实习生多几百块。"

为什么不能对比呢？一是因为现在大部分公司的薪资都是保密的，严格禁止员工之间透露对方的工资。你这么一比，等于是把别人卖了。二是每个人对于公司的价值不同，贡献也不同，这也不是能拿来对比的东西。我以前公司就有个从某单位退下来的员工，一个月就来两三天，工资比所有人都高。

## 第三，切忌说工作之外的情况

例如对老板说："我马上要结婚了，哪哪都要花钱。""压力太大了，房贷都要还不起了。""我实在是撑不住了，老板你就当是帮帮我。"

你的事情和老板没有任何关系，你的问题别人也没有义务帮你处理。你这样说，只会让老板觉得你缺乏基本的职业素养，损害你的专业形象和信任度。

上面说的几种话术，都是站在自己的角度，以自己为中心来考虑问题的，围绕的问题都是"你应该给我涨工资"，自然很难打动人。所以，我们在组织话术时，要改变思路，去考虑"这样做能给你带来什么好处"。

老话说，"人逢喜事精神爽"，在谈判时，要尽量选择对方心情好的时候去说，我们来模拟一个场景。

中午休息时，老板收到一大笔客户回款，喜上眉梢，甚至哼起了小曲儿，你走进老板办公室，谈判开始。

**你提出加薪的要求后，老板可能会有以下三种反应：**

第一，积极回应：老板听完你的加薪要求后，感到你对公司的价值和贡献，加之今天心情很好，那个刚收到的款项还是你拉的订单，所以干脆利落地答应了你的要求。谈判顺利，你在表忠心之后就可以离开了。

第二，含糊不清：老板表示需要时间考虑和评估，告诉你他要"研究一下"或者"商量一下"。这种情况下，老板有可能是真的需要考虑一下，也有可能是想要通过"拖延战术"来糊弄你。面对这种情况，你需要问清楚多久能有结果。比如，你可以说："这个要求确实有点突然，我大概什么时间能收到答复？"老板如果还是继续糊弄，告诉你"两三天"或者"几天"，你可以继续追问，自己提出明确时间。比如，"下周可以吗"或者"这周末可以吗"。总之，一定要明确答复的时间，不然这次谈判就毫无意义。

第三，负面回应：老板可能会暂时否定你的要求或表示无法满足，告诉你"公司最近资金比较紧张"，或者"你也知道现在的大环境，我们需要控制成本"等。

这时候首先要保持冷静，不要发生冲突，对老板表示理解和尊重："我理解，现在的大环境确实不好。"

接下来要转变策略，表示公司这几年发展得不错："幸好咱们公司有您这样的掌舵人，没有怎么受影响，发展得还不错。"

接着强调自己对公司的价值："这几年我开了不少大单，也带了几个实习生出来，上次那个项目，从头到尾都是我盯的，连着一个多月没有休息。"

然后表示自己不是在邀功，而是想让公司更好："老板，我这么说不是为了表功。这么多年，我对公司早就有了感情，当成自己家一样。公司发展得好，我也能跟着受益，所以才特别有干劲。"潜台词就是：蛋糕做大了，也得给功臣分一点。

最后打出自己的底牌："眼前还有个大项目马上就要谈下来了，接下来一个月估计又得连轴转了。"

这样的话术，不是站在自己的角度去考虑问题，而是站在老板和公司发展的角度，讲明自己对于公司的价值，避免了冲突和尴尬，也讲清楚了问题。

**深层逻辑**

◇ 谈判的本质是博弈和利益交换，有一方得利，必然有一方受损。

◇ 谈判时要清楚自己的底牌和对方的底牌。

◇ 选择对的时机，控制情绪，避免发生冲突。

◇ 站在对方的角度考虑问题，不要以自我为中心。

◇ 对方拖延时，自己提出明确时间。

---

**谈生意时这样说，化身商务谈判高手。**

对方说：这个条件我们没办法答应。

## ☺ 一般说法

不好意思，这已经是我们的底线了，不能再让了。

## ☹ 低情商说法

那就没办法了。

那你去找其他人谈吧。

行，你别后悔！

## ☺ 高情商说法

您的想法我理解，但是我们这边确实也已经没有让步空间了。要不这样吧,我叫了下午茶,我们先休息一下?

您真是我见过最会讲价的,但我们的价格也确实已经到底了,要不您考虑一下另外的方案?

我理解您的担忧,不过既然我们能谈这么久,证明咱们双方都是真心实意地想要把合同签下来,价格只是一方面的因素,能给您带来价值才是最关键的,您说是不是?

## 这样回复客户，订单源源不断来

你相信有人通过卖车实现阶级跃迁，财富自由，还连续12年保持吉尼斯世界纪录吗？美国就有一个这样的销售员——乔·吉拉德。他生于美国大萧条时代，家庭非常贫困，9岁就开始卖报、擦鞋贴补家用，16岁辍学成为一名锅炉工，不仅没赚多少钱，还患上了哮喘。从此之后，他换过很多工作，曾因为吃不上饭偷过东西，到35岁仍然一事无成，还欠了6万美元的巨额债务。

一次偶然的机会，乔·吉拉德走进了一家汽车销售店，没想到从此开始了"开挂"人生。到1977年退休时，他一共卖出13001辆雪佛兰汽车，平均每天销售6台，连续12年登顶吉尼斯汽车销售纪录，成为美国最著名的推销员，也是唯一以销售员的身份荣登"汽车名人堂"的人。

在《将东西卖给任何人》一书中，乔·吉拉德分享了自己的心得："销售从来不仅仅是一种商业行为，还是一种处世之道。现代社会是商业社会，是人情社会，我们每个人都是销售员。"

是的，我们每个人都是销售员。汽车销售员卖的是汽车，作家卖的是文字和思想，老师卖的是知识，律师卖的是法律服务，父母把自己的时间和精力"卖"给孩子，就算是身价过亿的富豪也有要卖的东西。从根本上来说，我们卖的都是自己的时间，只不过有的人时间比较值钱，有的人时间比较廉价。所谓的销售，就是在最短的时间内达成交易，将时间的单价提高。而销售策略和话术，就是达成交易最关键的工具。

## 销售第一步，取得客户的信任

卡耐基在《人性的弱点》一书中写道："商务往来并无制胜之道可言，然而在对方说话的时候专注地倾听，是令对方解除戒备的最佳方式。"

销售能否成功，最关键的就是双方掌握信息量的差别。销售界有一条很著名的定律："谁先开口谁就输了。"因为谁先开口，意味着就会透露更多信息给对方。所以，销售时必须掌握一个原则：多听少说，多问少答，一定要让对方先说，多说，说完。

比如，客户来店里，你说店里有咖啡、橙汁、可乐，问他喝什么，他可能会说"不用了"。如果你问他橙汁和可乐要哪个，他大概率会选择其中一个。

一样的道理，和客户接触时，千万不要着急介绍自己的产品，而是先要问客户需要什么。不仅要知道对方需要什么产品，还要深入了解对方的真实需求和目的。在客户说话时，要保持专注，给客户积极反馈，让对方知道你一直在认真听，最后再决定把什么产品推荐给他。

王哥来了，看您气色这么好，最近生意不错吧？

这什么材质啊？
您看我们这个家具用的是白橡木，木纹清晰质感好，坚实牢固抗磨损。

你这个有点贵啊。
我不敢说咱们这是市场最低价，但我可以向您保证我们提供的是性价比最高的产品。

比如，客户要买房，你要先问他是首套还是改善，有没有孩子，对学区有哪些要求，是想要性价比更高一点的还是"不差钱儿"，追求环境和配套。

## 销售第二步，把握节奏，学会控场

好的销售都知道，在谈话时，要始终把握主动权，将节奏牢牢掌握在自己手中。什么是节奏呢？就是对谈话速度和发展方向的控制。通过提出问题、分享见解或引发讨论，主动引导谈话的话题和方向。这样可以确保谈话不偏离主题，并集中讨论与销售目标相关的内容。

比如，客户说："你这个车价格有点贵，超出我的预算了。"客户的重点是"超出预算"，此时，你可以通过反问式回答，把问题重新抛给客户。比如："确实，一分价钱一分货嘛，好东西确实会贵一点，您买房、装修的时候也有超出预算的情况吧？""我相信您买车除了考虑性能之外，还有其他考虑吧？"这样一来，我们还是能够维持"我问你答"的形式，掌握节奏。

## 销售第三步，行为量化，确定成交意向

所有的销售活动，最终目的都是成交，如果无法达成最后的结果，那前期所有工作就全都成了无用功。所以，在确定客户有成交意向之后，一定要量化行为，确定时间、地点、人物、事件。

比如，客户说："我再考虑一下，考虑好了联系你。"你可以

说:"您看,您一定对这款车很满意,不然也不可能跟我谈这么久。这样吧,您稍等一下,前段时间有优惠活动,我再跟经理申请一下,看看能不能按优惠走。如果经理那边同意,优惠难得,您今天能定就定了呗?"或者说:"我相信您看这款车已经很久了,刚才听您也做了不少功课,我跟您透个低价,但是您得答应我,不能再压价了,这个优惠我给您保留一天。"

## 销售第四步,售后是下一次销售的开始

乔·吉拉德在书中说:"售出是销售的第一步。"每次成功推销之后,他都会把客户及其所购买的汽车的一切信息,全都记在一张卡片上,第二天给这位客户寄出一封感谢信和小礼品。"顾客是我的衣食父母,我每年都要发出13000张明信片,表达我对他们最真切的感谢。"顾客拆开小卡片后,总是会看到一行醒目的文字:"您是最棒的,我相信您。""谢谢您对我的支持,是您成就了我的生命。"顾客生日时,也总是能得到乔·吉拉德寄出的生日祝福。正是通过这种方式,他获得了源源不断的回头客。因为每个顾客都有自己的关系网,一个好评会带来更多顾客,而一个差评则会在无形中带来巨大的损失。

## 深层逻辑

◇ 销售的本质是与人打交道,每个人都是销售员。

◇ 真诚是销售的"必杀技"。

◇ 销售成功的关键是信息差。

◇ 确定成交意向，量化交易行为是销售过程的"句号"。

◇ 好的售后是新销售的开始。

**面对客户刁难时这样说，可以将危机转化为机遇。**
对方说：我听说你们这个产品质量挺差的。

### ☺ 一般说法

怎么会呢，咱们这可是大品牌，质量有保证。

### ☹ 低情商说法

谁说的，让他站出来，我跟他当面对质！

质量差你还来看？

那你去找不差的吧。

### ☺ 高情商说法

产品跟人一样，有人说好，肯定就有人说不好。不过您既然能来看，肯定也是认可咱们家产品质量的。鞋子合不合脚，试过才知道，产品好不好，用过才明白，您说是不是这个理儿？

您说的这个问题可能确实存在，毕竟咱们家一年就能卖出好几千万的货，出现问题在所难免。不过有句话怎么说来着，不怕出问题，就怕出了问题没人管。咱们家有三年质保，这个您可以放心。

　　您说的我理解，我买东西的时候，也要提前在网上查评论，看测评，问买过的熟人。可我发现一个问题，再好的产品都有人给差评。世界上没有十全十美的产品，只有适合还是不适合。大部分人都说好，那肯定错不了，您说是不是？

# Part 2

## 人情往来，如何说难说的话

## 这样拒酒，既巧妙又有趣

### 酒局文化

老话讲："杯子底下好办事。"中国的酒文化源远流长，很多商业合作也是在酒桌上谈成的。为什么大家都喜欢在酒桌上谈事情呢？一是觥筹交错，推杯换盏，气氛更加融洽，能迅速拉近关系，甚至快进到"大家都是兄弟"的程度，不仅能够谈成当下的合作，还能处成朋友，达成持续合作。二是酒精会影响大脑的神经系统，使人的理智受到抑制，判断能力和决策能力下降，更愿意就问题进展开放性讨论，减少僵局和对立，更容易达成合作。最典型的例子就是"杯酒释兵权"。

古人云："狡兔死，走狗烹；飞鸟尽，良弓藏。"一般来说，一个王朝建立之后，过去曾在战场上立下汗马功劳的将领和谋士，就会变成不稳定因素，要么自己能悟到这一层，选择急流勇退，如张良、刘伯温；要么就会被皇帝以各种理由杀掉，如汉代的韩信、明代的李善长等。历朝历代大抵如此，但赵匡胤是个例外。宋朝建立之后，他把石守信等将领留下来喝酒，酒过三巡，菜过五味，赵匡胤说自己愁得整夜整夜睡不着。其他人忙问缘故，赵匡胤说，你们我倒是不担心，但你们的部下要是起了歪心思，也想来一次"黄袍加身",由得了你们吗?其他人一听就懂了,连忙请求赵匡胤指一条明路。赵匡胤便夺去将领们的兵权,给了一大笔钱,让他们回乡养老去了。通过这个酒局,老将们保住了性命,赵匡胤也保住了自己的体面,成为历史上开国皇帝中的"另类"。

从这件事就可以看出,酒场是比较容易敞开心扉、解决问题的场合。在职场中,无论是公司团建还是跟客户、领导、朋友应酬,酒局都是很难绕过去的。但是,当代年轻人对传统酒文化表现出了极其强烈的抗拒,使"反感酒局文化"一度成为互联网热词。

《中国新闻周刊》曾进行过一项调查问卷,主题是"年轻人有多反感酒局文化",共有69.3万多人投票,其中有58.3万票表示"极其反感并不能接受",10.1万票则表示"现实中难以拒绝,身不由己",而剩下的9571票则持其他观点,评论区还有一部分人表示"其实反感酒局文化的不只是年轻人"。

大家反感酒局文化,是讨厌酒吗?其实不是。喝酒喝的是心情,喝的是气氛,如果是三五好友坐在一起,敞开心扉,聊聊天,吹吹牛,安逸又自在,能喝的喝,不能喝的以茶代酒,这样的酒局大家不仅不反感,还很热衷。我们讨厌的,是"身不由己"的酒局。有人劝酒,有人起哄,人人说着心口不一、互相恭维的话,喝着难以下咽的高度白酒,还要强颜欢笑,这才是讨厌酒局的真实原因。

本质上,对于年轻人来说,职场中的酒局更像是一次"服从性测试",你在酒局上不给我面子,我在工作上就要给你穿一穿"小鞋"；你不懂酒桌上的规矩，我就要想方设法给你"上一课"；你说自己喝不了，我就偏要让你喝，不然怎么展现我的领导力？拒酒是一门学问，一不小心惹得对方不高兴，很有可能换来事业上的步步荆棘。

## 拒酒是一门学问

虽然大家都讨厌酒局，但有些时候实在是身不由己。酒桌上常见的拒酒理由有很多，但碰上"老油条"，大部分都不奏效。

比如，你说："我开车了，真喝不了。"对方给你面子，表面上会表示理解，直接离开，但心里面已经对你有意见了。要是不给你面子，跟你说："你放心喝，代驾我给你找。"这时候你怎么接话？到这里其实就是"死局"了。

如果对方比你的身份高一层，那你就更尴尬了。又如，你说："我酒量差，喝不了。"对方说："酒量差又不是不能喝，喝一点没事。"这其实就是个坑，你只要开始喝了，他就会找各种理由让你喝，直到最后把你灌得不省人事。

其实，不管你说什么理由，对方心里只有一个想法：我敬你酒你不喝，就是不给我面子，这么多人看着，我下不了台。所以，拒酒的核心原则，就是不伤对方的面子。

### 策略一：移花接木，转移话题

面对向你敬酒或劝你酒的人，如果你真的喝不了或者喝不下，可以挑一个大家都关心的话题，转移注意力，自然而然地开启新谈话，这样对方就会忘记找你喝酒这茬事了。

比如，有人过来劝酒，对你说："咱哥儿俩多年没见了，不喝一杯说不过去吧？"你可以转移话题说："你看你，这么多年都没见了还是没变，就想着喝酒这点事。来，咱俩坐下好好聊聊，喝酒有的是机会，这几年听说你发达了？给咱这些穷哥儿们传授传授经验。"

再比如，还可以通过唱歌、表演等方式拒酒。劝酒的人过来，你可以站起来大声说话，吸引更多人的注意力。"我本来就是一两杯的量，今天喝了这么多，已经是舍命陪君子了。这样吧，我新学了一首歌，给大家助助兴怎么样？"同样地，还可以讲个笑话之类的。这时，其他人就会起哄，喝酒的事也就过去了。

## 策略二：改变焦点，顺水推舟

抓住对方话语中的重点，顺水推舟，说服对方以茶代酒。比如，对方拿着酒杯走过来说："来，我敬你一个，咱俩关系这么好，这杯酒你必须得喝。"他说这句话，重点在于"必须喝"，你可以改变焦点，抓住"关系好"来拒酒："我问你，你刚才说咱俩关系好，是不是真心的？"对方一般都会给以肯定的回答。这时，你就可以顺势说："老话说得好，只要关系好，喝啥都是酒，我今天确实是喝不动了，但绝不会驳你的面子。这样，我以茶代酒，咱俩喝一个。"

再比如，劝酒的人这样说："感情深，一口闷；感情浅，舔一舔。"这也是酒桌上常见的劝酒词，这句话的重点是"一口闷"，也就是让你多喝，你也可以把焦点转移到"感情"上："你说得没问题，感情深就得一口闷，可咱俩这交情，别说一杯酒，一瓶酒，就是跳进酒池里也挡不住。所以，这话我得改一改，只要感情深，喝多喝少那都不算事，你说对不对？"

## 策略三：反客为主，请君入瓮

这种方法的核心思路，是通过有意拔高对方的道德水平，让他无法达到劝酒的目的。

比如，对方来劝酒，你可以说："老话说，君子之交淡如水，小人之交甘若醴。我不敢说自己是君子，但您一定是君子。"这时可以停顿一下，问其他人："我说某某是君子，大家都同意吧？"其他人一般都会起哄。接下来，你就可以说："这样，我以水代酒，敬君子怎么样？"这就是刻意拔高对方，把他捧到高位上，既照顾到了对方的面子，也达到了拒酒的目的。

再比如，你可以用自己的健康为理由，拒绝喝酒。比如，对劝酒的人说："唉，上了年纪，身体确实不太行了。我前几天去医院检查，医生对我说，一滴酒也不能碰了。咱俩关系这么好，你也不愿意见我再进医院吧？"

## 策略四：金蝉脱壳，浑水摸鱼

这一部分都是酒桌上的实用策略。比如，喝酒之前在酒桌上放一沓纸巾，喝下之后假装擦嘴吐进纸巾里；假装喝醉"发酒疯"，说胡话，让别人带你下去休息；喝酒之后直接假装睡着……

其实，拒酒的策略远不止我们上面所提到的这些，只要把握好"拒酒不拒人"这个核心，根据实际情况灵活发挥，一般都能获得对方的理解，起到拒酒的效果。

## 深层逻辑

◇ 拒酒的第一原则是不伤面子。

◇ 取得理解。

◇ 以柔克刚，不要跟对方硬碰硬。

◇ 酒场如舞台，一定要会表演。

## 这样拒酒，不伤感情。

> **情景一：**
>
> 对方说：你不喝就是不给我面子。
>
> 分析：这句话本质是权力的要挟，带有逼迫和威胁性质，破局的关键是服软。

## ☺ 一般说法

这话怎么说的,我绝对没那个意思。

这是哪里的话,我哪敢看不起您呀?

我确实不能喝了。

## ☹ 低情商说法

就是看不起你,怎么着?

你以为你是谁呀?

就不喝,你想怎么样?

我根本就没把你放在眼里!

## ☺ 高情商说法

大哥,我哪敢不给您面子呀,我是看不起病。前几天去医院,医生千叮咛万嘱咐,一滴酒也不能喝。这样,我以茶代酒敬您一杯怎么样?

大哥,您能找我喝酒就是看得起我,我哪敢不喝呀?可我这个身体确实不允许,上次喝多了被救护车拉进医院,一桌子人都吓坏了。这样,我以茶代酒敬您一杯,等身体调养好了,我做东,咱俩好好喝怎么样?

**情景二:**

领导说:跟这么漂亮的小姑娘一起喝酒,还没喝就醉了。来,

> 我敬你一杯,今天必须喝。

### 🙂 一般说法

领导,我真喝不了酒。

### 😐 低情商说法

你想干什么?小心我告诉你老婆。

这么油腻,跟你出来吃饭真是倒了大霉了。

离我远一点,真恶心。

### 😊 高情商说法

领导,老话说"酒品如人品",我常听同事们说您人品特别好,您看我今天也喝了不少了,再喝下去该进医院了。(我是真喝不了酒,您也不想看着我进医院吧?)

## 巧妙应对故意刁难之人

你有没有遇到过那些特别喜欢故意刁难别人的人？我们小区的物业经理就是。我有一次跟保安聊天，发现他对物业经理满腹怨气："你就说吧，他脚边有个瓶子，非得让我过去捡起来，这不是欺负人吗？"我点头表示赞同。他又说："上次咱们小区的保洁生病了，他专门找过去把人家骂了一顿，说没有按时上班，你说有这样的人吗？"没过几天，那位保安就跟经理大吵了一架，按他的说法："这样的工作哪哪都是，你一个小小经理算个屁。"

保安大叔说得没错，事实上也确实如此，一个月两三千，在哪不是干呢？可更多时候，我们并没有那么多选择权，工作不可能说辞就辞，人情世故也不可能全都用"破罐子破摔"的办法去解决，面对那些喜欢故意刁难的人提出的刁钻问题，也不得不小心应付。

想要解决问题，首先要了解问题的本质，从根源上去发现和分析，为什么会出现这样的问题。

一般来说，喜欢刁难别人，是为了满足自己的权力和控制欲。通过让别人陷入困窘，来展示自己的权力和能力，满足心里的欲望。比如，我们上面说到的，物业经理故意刁难保安就是这种情况。再比如，有些人在餐馆吃饭时，很喜欢刁难服务人员，要么是菜品不新鲜,要么是服务不到位,要么就是这个调料多了,那个调料少了。然而,无论何种形式的刁难,都是为了获得力量感。

站在心理学的角度来说,力量感(Sense of Power)是人类赖以生存的基石,关乎一个人的自我效能感和安全感,而控制他人是获取力量感比较直接、简单的方式,可以直接体验到权力和能力的满足感。反过来说,越是缺乏力量感的人,越喜欢刁难别人,以获得心理上的安慰和补偿。

## 怎么对付喜欢刁难的人?

### 情况一:面对领导的刁难

领导是我们的直接利益相关者,对于他们的刁难处理不慎,很有可能会被"穿小鞋",影响之后的工作。所以,我们最重要的是保持冷静和理智,采取合适的沟通和应对策略,通过有效沟通、耐心地解释和寻求共识来避免陷入对抗和争吵的局面。

我们来看个常见的场景:你做了一份报表,部门经理让你改了好几次,最后还是随便找个理由给你打回来。你生气了,在办公室指着他说:"你就是鸡蛋里面挑骨头,故意为难我!"经理这时候只需要问你:"我怎么为难你了,是要求你把工作做得细致一些,还是让你改方案?"你就只能哑口无言了。

所以,面对这种情况,你应该先冷静下来,即使有再大的怨气也应该藏起来,把焦点放在具体问题上。比如,你说:"经理,我能问一下这个方案具体哪里需要改吗?"如果真的有问题,他就会指出来,即便是故意刁难,他也要说出问题来,你只要针对性地改掉就可以。这样做,既满足了对方的心理需求,避免矛盾进一步扩大,又解决了实际问题,一举两得。

## 情况二:非领导的刁难

上面说的,是针对领导的刁难。我们出于保住工作的需要,不得不小心应付。而如果对方不是领导,又想通过刁难你来获得力量感,满足自己的心理需求,我们就必须予以反击。

我们举个例子来说。霸凌是怎么产生的?第一步往往都是试探,悄悄推一下、拽一下头发、衣服,在衣服上画画等。如果被霸凌者没有反应,就会进行到下一步:起外号、孤立、推搡、辱骂、嘲笑等。如果被霸凌者还是没有反击,就会进入殴打、抢夺的最终环节。因此,很多国家都将给人起绰号视为霸凌行为,进行严肃处理,目的就是为了在根源上遏制霸凌的产生。

刁难人这件事也一样。如果对方通过刁难你获得了心理满足,他就会不断去尝试做这件事,甚至一次比一次过分。所以,在面对这种情况时,反击不仅重要,而且十分必要。老话讲,"打蛇打七寸",反击时,一定要抓住对方的痛点,不退反进。

比如,被亲戚朋友问收入是很常见的场景。有的亲戚只是想跟你闲聊,这时候打个"哈哈"应付过去就行了,没必要起冲突。有的亲戚是为了跟你攀比,"恨人有,笑人无",你打个哈哈,他不达目的誓不罢休,一定要追问到底。打个比方,亲戚问你:"现在收入怎么样?"你说:"不好不坏,混口饭吃。"一般人到这里就不问了,可他还要追问:"不好不坏是多少嘛,讲出来听听。"这就是刁难了,如果你在这个话题上服软,他后面还有更多问题等着你呢。所以,你就可以说:"你问这么清楚干什么,是不是要给我涨工资呀?"通过反问,可以让对方意识到侵犯了你的隐私,知难而退。如果他还是继续追问,你可以说:"我肯定比不过你,你先说你赚多少,你不说我也不说。"这叫"以彼之矛攻彼之盾",以进为退。

## 情况三:当众刁难

有人想让你难堪,当众刁难你。这个时候,千万不要想着解释,这样会立刻掉入"自证陷阱"。自证陷阱(self-verificationtrap)是一种心理学概念,指的是对某种信念或期望的错误预测,由于对这种预测的持续坚持或行为,最终导致这种预测成为现实。在人际交往中,特别是面对刁难或挑衅时,自证陷阱指的是如果你试图解释或辩解,可能会进一步加剧刁难的行为,让对方认为他们的预期得到了验证,从而进一步刁难或攻击你。

比如,对方说:"东西就是你偷的。"你千万不要解释自己没有偷东西,像《让子弹飞》中的六子一样把肚子剖开,证明自己没有多吃一碗粉,而是反过来让对方提供证据:"你说是我偷的,有什么证据？"

对方说："你天天打扮得花枝招展勾引谁呀？"你千万不要说"我没有勾引任何人"或"我没有这个意思"，而是要把问题抛回去："人就喜欢以己度人，可咱俩可能不太一样，你难道是为了勾引人？"

对方说："你怎么这样野蛮，一点道理也不讲。"你千万不要辩解，而是要反问对方："是吗，那你说说我怎么不讲理了？"如果对方说不出来，证明他这是没有任何理由的人身攻击，如果他说出来了，你就让他继续说，千万不要阻止。

总结起来，就是先稳定情绪，不要尝试防御，而是要让对方敞开了说。他说得越多，你知道的信息就越多，抓住漏洞的机会也就越大。如果对方在说话的过程中出现了情绪化反应或者人身攻击，这就是你反击的机会，因为他先"破防"了。但是，反击不是和对方"对骂"，而是安抚对方情绪。比如"不要生气嘛""你先冷静一下"等。你越说，对方火气就越大，表现得也就越出格，而你始终保持着理智、客观的形象，对方的刁难就会不攻自破。

## 深层逻辑

◇ 刁难有多种形式，分情况采取不同策略。

◇ 保持冷静，避免情绪化反应。

◇ 谁先"破防"谁先输。

◇ 不要掉入"自证陷阱"。

◇ 只应不答，只问不说，把握对话节奏。

◇ 让对方先说，多说，只问具体问题。

**这样面对刁难，让对方哑口无言。**
对方说：你这人怎么一点教养也没有？

### ☺ 一般回答

你凭什么这么说我？

你有素质，就你有素质？

### ☹ 低情商回答

我没有，你胡说。

### ☺ 高情商回答

你说的教养，具体指的是什么呢？

有教养的人，一般不会对别人进行人身攻击。

你继续说，把话说完。

每个人都有情绪化的时候，我理解，先不要生气，慢慢说。

# 巧妙应对傲慢之人

## 傲慢的本质

唐代时，温庭筠和李商隐并称"温李"，名扬天下。温庭筠这个人，才思敏捷，小赋天下无双，考试的时候经常帮别人代笔，被称为"救数人"。他不仅给考生们当"枪手"，还帮大臣们代写文章，很受唐宣宗赏识。

有一次，丞相令狐绹让温庭筠代他撰词，还千叮咛万嘱咐，让他千万不要说出去。可温庭筠转眼就把这事宣扬出去了，搞得令狐绹很没有面子，从此再也不跟他往来了。温庭筠之所以这样，是因为他看不起朝里的这些官员，有一次他就对人说过："中书堂内坐将军。"意思是中书省里的宰相大臣们，一点文化也没有。一次宣宗微服出访，温庭筠没有认出来，仍然十分傲慢地说了几句轻视的话，最后竟然被贬到蛮荒之地，死于流所。

毫无疑问，温庭筠就是个十分傲慢的人，认为自己有一肚子才华，谁也看不上，甚至对朝中的大臣和丞相都冷嘲热讽，最终导致了悲惨结局。大臣们和皇帝之所以讨厌温庭筠，不是因为他"傲"，而是因为他因傲生"慢"，看不起人，缺乏基本的礼貌。

## Part2 人情往来，如何说难说的话

古希腊哲学家苏格拉底说："一个人知道得越多，就会越发现自己的无知。"比如温庭筠，他当然是有才华的，不然也写不出"过尽千帆皆不是，斜晖脉脉水悠悠""小山重叠金明灭，鬓云欲度香腮雪"这样的名句。然而，他性格张扬，对权贵傲慢无礼就像是一个走进森林的人，只能看到眼前的几棵树，认为这些树就已经是世界的全部，却意识不到，就算是整片森林，在这个世界上也不过是沧海一粟而已。

生活中，我们经常能够看到这样的人，他们自视甚高，将其他人贬得一文不值，表现得十分没有礼貌，缺乏耐心，和人说话时经常不耐烦。别人说话时他经常打断，发表自己的观点，他自己说起话来却喋喋不休，十分讨厌。犯错时，他们总是会找出一大堆借口，说什么"我当时如何如何……"，可别人一旦犯错，他们就会揪着不放，必须让你低头服软才肯罢休。他们爱生气，常常因为一点小事就爆发；他们喜欢自吹自擂，渴望得到认同和赞美。一旦惹了他们，这种人就会记在心里，找各种机会报复。他们恨人有，笑人无，别人说什么都听不进去。

佛家有"五毒心"的说法，指的是贪、嗔、痴、慢、疑，其中的"慢"就是傲慢。然而，傲慢的人却是外强中干的，他们越是表现出强大，心理就越是脆弱。他们的自尊建立在对他人的轻视和自我吹嘘之上，从心理学角度来看，这种状态往往是一种防御机制，通过高估自我、贬低他人来保护自己的自尊和自我认同，用来掩盖内心存在的不安

全感或自卑感。

　　另外，傲慢的人可能存在自我认知偏差，无法客观地评估自己的能力和局限性。他们往往高估自己的能力，低估他人的贡献，导致经常与别人发生冲突和矛盾，因为缺乏尊重和合作的态度，常常使他人感到被轻视或不被重视。

　　那么，怎么对付傲慢的人呢？我们还是要分情况来采取不同的策略。

### 情况一：和你没有利益冲突，也没有冒犯你

　　这种情况下，没必要跟对方起争执，无论他说什么，做什么，你只需要听着就可以。在适当的时候，你甚至还可以"煽风点火"，顺着他的话给足面子。

这叫投其所好。毕竟老话讲，"多个朋友多条路"。很多人、很多事你心里明白就好，没必要拆穿。

## 情况二：对你有冒犯

傲慢的人心理很脆弱，很容易"受伤"。有时候，你甚至都不知道在什么地方得罪过他们。你客客气气跟他打招呼，他爱搭不理。你跟别人聊天，他过来横插一脚，甚至对你横加指责。你跟他说工作上的事，他含含糊糊，甚至出言挑衅。

这种情况下，我们的总原则是不招惹、少接触、不反击。有人会说，这样会不会太"怂"了，你不反击，他会不会越来越过分？这一点不用担心，因为傲慢和刁难不同，刁难是要让你难堪，让你出丑，傲慢是自我感受或情绪的表达，而不是针对你个人的攻击，对你很难造成实质性的损害。所以，面对这种人，我们最好的办法就是保持自信和镇定，不要被他的言语左右，避免采取激烈或对抗性的反击，以免冲突升级。

对方对你爱搭不理，你看到他就当没看到，避免接触。对方说"你这样不行，应该如何如何"，你就跟他说："你说得对。"我们上文说过，这种人很记仇，你得罪他，他一定会找各种机会进行反击，反而得不偿失。

**情况三：跟你有冲突，造成了实质性的损失**

如果对方当着众人的面嘲笑你、侮辱你，或者在工作和生活上对你指手画脚，那就不能再"忍"了。你的退让不仅会让他得寸进尺，还会让周围的人对你产生轻视心理。这个时候，反击就十分必要了。

对付傲慢之人，最简单、最直接的策略是制造僵局，表明自己的立场，亮出自己的底线。比如，对方说："我都懒得说你，这么大年纪了连个对象都没有。"你可以根据情况直接反击："你说这话可不怎么中听。""这话有点伤人了，咱们以和为贵。"对方立刻就会意识到情况不对，再继续下去有撕破脸的风险，而这也就意味着他那脆弱的自尊有不保的风险。

如果是上司居高临下地这么说，又该怎么办呢？比如，经理说："小王在咱们部门，是出了名的效率低。"其他同事跟着上司一起笑，你应该怎么办呢？这时候，最好转移大家的注意力，让问题重新回到工作的正轨上。比如请教大家："这个项目对我来说确实有些难度，但我已经尽了最大的努力。话说回来，你们说有什么好办法能提高工作效率呢？"

## 深层逻辑

◇ 傲慢的人有各种各样的原因，但核心是高看自己，轻视别人。

◇ 没有利益冲突，要顺着对方的话说，满足他的虚荣心。

◇ 被冒犯，要表明自己的立场和态度。

◇ 如果是上司或不能得罪的人，立刻转移话题。

## 这样和傲慢之人沟通，让他不敢轻视你。

### 场景一：

对方说：你女朋友长得真是，啧啧，一言难尽。

分析：侮辱你女朋友就是在侮辱你。

☺ **一般回答**

我们互相喜欢就够了。

☹ **低情商回答**

你长得好，就你这马脸也好意思说别人？

就这样的女朋友你还没有呢。

也不撒泡尿照照自己是什么德行。

### ☺ 高情商回答

我认为她很漂亮,更重要的是,她不喜欢嚼舌根。

你有没有听过,丑人看什么都丑?

**场景二:**

办公室同事说:地有点脏,你拖一下吧。

分析:颐指气使,把你当免费劳力。

### ☺ 一般回答

我看这也不脏呀。

我现在有点事,一会儿拖吧。

### ☹ 低情商回答

好,我正好这会儿有空。

### ☺ 高情商回答

咱俩是同事吧?我还以为你是老板呢。

领导,你看你是不是也挪挪窝,咱俩一起把地拖了?

这不是我的分内工作吧?

# 平和以对尖酸刻薄之人

## 尖酸刻薄的底层逻辑

生活中难免会遇到尖酸刻薄的人。这种人说话时，怎么难听怎么说，怎么怪怎么来，只图嘴巴痛快，根本不去考虑别人的感受，我家里有个长辈就是这种人，非常讨厌。我上学时淘气，不好好读书，别的长辈知道了都是苦口婆心地劝。他不一样，他说："看你这么瘦，是不是钱都拿去上网了？"爷爷种了几棵樱桃树，我帮忙摘樱桃，他看见了嘴角一歪，露出一抹嘲讽的微笑说："又来吃樱桃了？"我买了房，过年回家碰到了，他脸拉得老长，斜着眼说："这几天网上看到不少新闻，说是高层着火烧死人了，那可不安全呀。"又说什么"房价降了""还是村里好"之类的。总之，就是什么难听说什么，什么能让你不舒服他就说什么。

尖酸刻薄的人，说话总是跟普通人不一样。比如，正常人看到朋友体重超标，会发自内心地关心朋友的身体健康，劝他减肥，而这类人看到别人胖了，则会用嘲讽的语气，外加讽刺挖苦，生怕戳不到别人的"心窝子"。比如说什么"你都这么胖了，根本减不下去，还是别挣扎了"，别人一生气，他还会嬉皮笑脸地说："哎呀，怎么生气了，我开玩笑的，别当真。"

我们身边绝不缺少这样的人。要说他们能造成多大的危害，也没有。但你要是不管他，总觉得心里硌硬。他们一出现，就像是有只苍蝇在你耳边"嗡嗡嗡"，飞来飞去，这里停一下，那里落一会儿，让你心里不痛快。

只要是正常人，行为背后都能找到合理的解释和动机。同样地，要对付这类人，我们首先要分析一下他们的行为逻辑。

"尖酸"指的是用讥讽的语气伤人，"刻薄"指的是取笑、奚落，两者意思相近，他们为什么会这样呢？心理学上有个重要的概念叫投射效应，指的是个体将自己的内心感受、欲望或情绪，不自觉地归因于外部的对象或他人身上。这种投射行为通常反映了个体对内在冲突或不安全感的一种应对机制，通过将这些感受外化到外部世界，来减轻内心的压力或不适。

为了方便理解，我们可以把人想象成一个投影仪，把内心活动和性格当作片源，他所看到的世界，就是投影仪播放出来的内容。换句话说，一个人自己是什么人，就会把周围的人都想象成什么人，这叫认知投射，即个体将自己的认知偏见或观念投射到他人身上，以便确认自己的看法或行为。比如，一个善良的人之所以会宽以待人，是因为他所看到的世界就是善良的；一个工于心计的人，会认为其他人都在算计自己。

而尖酸刻薄的人也同样如此。他们的内心可能感到焦虑、不安或自卑，为了缓解这种压力，只好通过批评、讽刺或嘲笑他人来强化自己的自尊心或掩饰内心的不安。只要接触过这类人你就会发现，对于其他人说的话，他们会不假思索地进行习惯性反驳，无论你说得对还是错；还会经常抬高自己，贬低别人。一个人越缺乏什么，就越会表现什么，这是一种本能的心理防御机制。缺乏自尊的人，会偏执地渴望别人的赞同和认可；缺乏关注的人，会竭尽全力表现自己；缺乏自信的人，会时时刻刻拿自己和别人对比，而这些都是尖酸刻薄者的寻常表现。

## 因此，我们可以总结一下这类人的心理特点

▷ **自卑感和不安全感**：这类人内心感到自卑或不安，为了掩饰内心的脆弱，他们通过嘲讽和刻薄来寻求自我满足感和自尊。

▷ **投射效应**：他们倾向于将自己的负面情绪或不安投射到别人身上，以此来减轻自身的压力或不适。

▷ **自我强化**：通过批评、讽刺或贬低他人，试图在比较中凸显自己的优越感，从而强化自我价值感。

▷ **缺乏社交技能**：这类人因为缺乏适当的社交技能或沟通方式，选择用尖刻的语言来表达自己的情绪或观点。

▷ **寻求注意和控制**：通过刺激他人的情绪来获取注意，甚至是控制他人的反应，从而满足自己的需求。

也就是说，他们表现得越强势，心理就越脆弱，越自卑。而那些真正有实力，有自信的人，绝不会轻易出口伤人，也不会太在意

别人的评价。道理很简单，一个亿万富翁，有人骂他是乞丐，他只会一笑了之。而一个穿着盛装的乞丐如果被人骂穷酸，一定会"破防"。美国开国元勋本杰明·富兰克林年轻时脾气暴躁，性格乖戾，得罪了很多人。直到后来他才意识到自己的性格问题，变得成熟、明智起来。有人问他成功的秘诀是什么，富兰克林回答："从不出口伤人，对每个人都称赞有加。"

那么，如何对付尖酸刻薄之人呢？我们还是要分情况来对待。

## 情况一：没有冒犯你，但是在你面前讽刺、挖苦别人

中国有句老话："坏话当面讲，好话背后说。"因为当面说好话会被当成互相恭维或阿谀奉承，缺乏真诚，而背后说的坏话则会被当成你的真实想法。再加上第三人的传播，你根本无法控制当事人听到的话是什么样子。你跟别人说"他耳朵有点背"，传到人家耳朵里可能就变成了"他病得不轻"。

所以，如果尖酸刻薄者在你面前讽刺、挖苦别人，如果能离开，第一时间离开他。如果是某些走不开的场景，也要做到只听不说，不附和，想办法转移话题。同时要知道，他在你面前挖苦别人，也有可能在别人面前挖苦你。所以，最好的办法是能离多远就离多远。远离是非之人。

## 情况二：言语冒犯你

在面对这类人的冒犯时，如果对方和你有直接利益往来，比如

上司或客户，一定要先调整情绪，不要"上头"，而是要迅速冷静下来，多听少说，再针对具体问题去展开讨论。

比如，你踩着点上班，上司说："你还挺有时间意识，这么会卡时间。"这就是典型的挖苦。这时，千万不要在意他的语气，而是要把注意力放在具体的问题上——他嫌你来晚了。你可以回答："领导提醒得是，我得再把闹钟往前调半个小时。"

如果对方是同事或者朋友，我们的策略核心就是不退让，让对方知道你不是好惹的，无法在你这里获得情绪价值，之后也就不会自讨没趣了。比如，对方说："今天这身衣服挺适合你的，正好能把赘肉遮住，哈哈……"这是在嘲笑你胖，你如果怕得罪人，打个哈哈过去了，他下次还有更难听的话等着你。所以，你可以说："心宽才能体胖嘛，主要是我不喜欢管闲事、说闲话。"点到为止，对方就会知难而退。

## 情况三：家人的讽刺挖苦

还有一种情况，现实中普遍存在，每个人或多或少都经历过。卡耐基在《人性的弱点》写道："那些刻薄伤人、极尽侮辱之能事的话语往往来自我们的家人。这一真相令人震惊，然而事实的确如此。"

我们大多有这样的经历：你取得成绩时，父母会说："你这点成绩算什么，隔壁某某某如何如何……"你学会一项新的技能，兴冲冲回到家时，父母说："不要得意，你这才哪到哪……"你长大了，终于有了自己的生活，父母说："这么大了连个对象都没有，整天就知道吃吃吃……"你周末想休息一下，父母会跟在你后面说："连房间都不知道打扫一下，跟猪一样懒……"

虽然不想承认，但这就是很多人面对的现实生活。有个朋友跟我倾诉，她妈妈说话的方式，就是典型的尖酸刻薄。她嫁给一个穷小子，借了家里几万块钱，妈妈隔三岔五打电话，话里话外都是要钱，甚至跟别人说她是个"赔钱货"；她没有工作在家带孩子，妈妈到处跟人说她从小就懒；她从小跟着爷爷奶奶长大，妈妈经常打电话对两个老人冷嘲热讽。"我经常半夜一个人哭，感觉快要崩溃了，好像那不是我妈，是仇人。"

母爱是伟大的，但并不是所有人都适合当母亲。有一次，我这位朋友再也忍不住，跟妈妈大吵了一架，把所有难听的话全都顶了回去。从那天之后，她妈妈又重新变得慈眉善目了起来。大部分时候，一个人之所以肆无忌惮地伤害你，是因为没有任何后果。妈妈敢伤害自己的孩子，是因为她认为"身体发肤受之父母"，孩子就应该孝顺。爸爸敢在家里随便发脾气，是因为他知道自己就是家里的"老大"。

所以，对待尖酸刻薄的人，顶回去是最好的处理方式。

## 深层逻辑

◇ 尖酸刻薄者缺乏自信与自尊。

◇ 讽刺挖苦是为了在别人身上寻找存在价值。

◇ 远离是非之人。

◇ 受到冒犯之后果断反击,以绝后患。

> **这样和尖酸刻薄者沟通,享受快乐人生。**
> 对方说:我看你也不聪明,怎么先把秃头的毛病学会了?

### 😐 一般回答

没办法,我这头发就是这样。

唉,谁说不是呢,愁死我了。

### ☹ 低情商回答

你不秃?你头发多,见识短。

对对对,你头发多,你长得跟拖把似的。

### ☺ 高情商回答

那你应该是聪明绝顶吧?

我看你头发倒是挺多的,难道是……

按你的意思,领导是不是都应该秃顶呀?

## 谨慎处理话不投机的局面

### 世界上没有完全相同的两片树叶

17世纪德国数学家莱布尼茨曾对德国皇帝说："世界上没有完全相同的两片树叶。"这对我们来说已经是常识了，但在那个年代，人们普遍认为整齐划一才是宇宙真理，所以皇帝不信。为了证明他这句话是无稽之谈，德皇派出大量人手去寻找。因为在他的认知中，就算同一棵树上的叶子，也能找到完全相同的两片。但是，事实却证明，就算是看上去再相似的两片叶子，也保留着自己的独特"个性"，要么叶脉不同，要么形状有微小的差异，绝没有一模一样的。

叶子是这样，人更是如此。在这个世界上，每个人都是一座孤岛，就算离得再近也无法连成一片陆地，只能隔海相望。每个人在成长过程中所经历的事件和遭遇都不尽相同。这些经历包括家庭背景、教育经历、职业发展、人际关系等，共同塑造了个体的价值观、情感状态和行为方式。不同的学校、老师、课程和学习环境，影响了个体的知识储备、思维方式和学习能力。而不同的文化、宗教、地理位置、经济状况等，都在潜移默化中塑造了个体的习惯、态度和价值观。就算是双胞胎，也没有完全相同的。正因为这样的差异，决定了人们不同的思维方式，大家出现话不投机的情况也就在所难免了。也正因为如此,古往今来,人们才更加渴望知己。

中国有句老话:"话不投机半句多。"无论是职场还是生活中,我们经常会遇到这样的场景。和一个人或一群人聊天时,你说东他说西,你说城门楼子,他说"胯骨轴子",你说今天天气真好,他说昨晚的台灯没亮。总之就是一句话:不在一个频道上,说不到一块儿去。

为什么会出现话不投机的尴尬场面呢?从本质上来讲,就是因为对话的双方都以自我为中心,心里只想着自己的事,而忽略了对方的立场和观点。你说你的,他说他的,对话没有着力点,无法找到共同话题,就容易出现鸡同鸭讲的情况。

分享一个小段子。几位来自世界各国的贸易代表,乘坐豪华游轮在公海上洽谈商务。这时,游轮忽然进水,眼看就要沉没了。船长通知所有人,必须穿上救生衣立刻跳海,否则就来不及了,可这些人看着黑漆漆的海面,全都不愿意先跳。船长好说歹说,磨破了嘴皮也无济于事。情况万分危急,这时,大副走了过来,对船长说:"包在我身上。"

几分钟后,只见各国代表纷纷穿上救生衣,毫不犹豫地跳入海中。船长很奇怪,问大副是怎么做到的。大副说:"很简单,对英国人说,跳下去有益身体健康;对法国人说,跳下去获救后能上新闻,出尽风头;对俄国人说,这是伟大的时刻;对德国人说,这是船长的命令,必须遵守;对美国人说……"大副说到这里停顿了一下。

"说什么？"船长连忙追问。

"对美国人说，我们已经给所有人买了高额保险。"

船长听后哈哈大笑。

这虽然是个段子，却很能说明问题，在与人沟通时，想要解决话不投机的问题，最好的办法就是寻找共同话题。如果实在找不到，就寻找对方感兴趣的话题。只要能够投其所好，就不会出现冷场的情况。

所以，在沟通中，要把握好三个要点去寻找突破口。

▷ **自我**：沟通中要坚持自我，意味着要保持真实和坦诚。这并不是要固执己见或强调个人观点，而是要展现自信和做出清晰的表达。如果缺乏自我，可能会表现出委曲求全或唯唯诺诺的态度，难以真正表达自己的想法和感受，表现出一副讨好别人的模样。

▷ **对方**：有效的沟通需要关注对方的感受、需求和观点。忽视对方可能导致沟通不畅或出现冲突，表现出一副高高在上的样子，说的每一句话都像是在指点。倾听和理解对方的立场，尊重他们的观点，有助于建立互信和共鸣。在沟通中，要注重与对方建立良好的互动，而不是一味地发表自己的看法。

▷ **场景**：沟通的效果也受到场景的影响。不同的场合和环境需要采用不同的沟通方式和风格。在正式场合，可能需要更加谨慎和正式的表达方式；在私人交流中，可以更加随意和轻松。场景的另一层含义是情境，在不同的情境中，沟通有不同的主题。比如，拜访上司和朋友聚会，就是完全不同的两个主题。因此，紧扣主题去进行对话，也是不容忽略的。

## 情况一：话不投机，但是你需要对方办事

生活中和工作中，求人办事在所难免。对年轻人来说，你有所求的人，一般情况下，是掌握了更多社会资源，年龄也比你大的人。这种情况下，两人很难找到共同话题，气氛也很容易陷入尴尬。这种情况下，最好的办法就是提问，然后听对方说。

提问的话题，重点放在对方的经历和荣誉上，一般人都喜欢聊这些东西。比如"我看您获得过某某奖……"或者"我看您平时喜欢练书法，我也练过一段时间，但是一直不得法"。

问对问题，接下来要认真倾听。倾听时要注意以下几点：

▷ **全神贯注**：将注意力集中在对话中，避免分心或被其他事物干扰。确保你的眼神、姿态和言语都表达出你的专注和关注。

▷ **不要随意打断**：给对方充足的时间表达自己的想法和感受，不要打断或插话。

▷ **重视非言语信息**：注意对方的肢体语言、表情和声调，这些非言语信息可以帮助你更好地理解对方的情感和态度。

▷ **避免过度自我介绍**：如果对方询问你的情况，尽量避免过度强调自己的经历或成就，要聚焦在对方的经历和荣誉上，展示出对

对方的尊重和关注。

▷ **给予反馈**：在对方说话的过程中，通过点头或者"嗯嗯"等方式给予积极反馈。在对方表达完毕后，可以通过重述对方的话语或提炼主要观点来让对方知道你已准确理解了对方的意思，给对方一种重视的感觉。

这样做，能够确保不冷场，避免对话陷入尴尬，也能给对方留下一个好印象。

## 情况二：话不投机，但你无法走开

这种情况，常见于同学聚会、公司年会等场景中，如果出现话不投机的情况，切忌与人辩论，不要和人发生冲突，因为没有必要。价值观不同的两个人，没有必要说服对方和自己相同，更不要在人多的地方让对方下不来台。大部分情况下，口舌上的胜利除了能给你带来一个敌人之外，什么也得不到。

孔子说："刚毅木讷，近仁。"少说多听，因为言多必有失，说者无心，听者有意，很有可能在无形中得罪人。

我们单位就有个人，非常喜欢与人辩论，别人不管说什么，只要跟他想的不一样，他都要提出反对意见，跟人家辩论一番。印象最深的一次，单位有个小伙结婚，我和这位喜欢辩论的同事一起给人家当伴郎。根据当地的习俗，伴郎晚上要睡在新郎家里"暖房"。伴郎团除了我们同事之外，还有新郎的同学，大家互相都不认识。

晚上大家在一起聊天时，我这位同事竟然和新郎的一个同学辩论了起来，主题是"外儒内法"。两人从晚上9点开始辩论，一直到我们第二天早上6点醒来时还没有停下，实在让人大开眼界。事后我问他："你为什么要跟人家吵那么长时间呢？以后说不定连见面的机会都没有。"他回答："灯不拨不亮，理不辩不明。"我又问："那你们辩论出结果了吗？"他摇头说："没有，不可能有结果的。"

孔子说："君子和而不同。"生活中，在利益无关的情况下，千万不要去尝试说服任何人，那只会浪费你的精力和时间。

## 深层逻辑

◇ 话不投机的本质是，两个人都站在自己的角度，以自己为中心展开对话。

◇ 解决冷场和尴尬，关键是找到谈话的着力点。

◇ 求人办事，顺着对方说。

◇ 利益不相关，多听少说。

**这样说话，瞬间解决冷场问题。**

对方：你怎么不说话呀？

分析：对方也觉得尴尬，想让你发起话题或者想让你回应他。

## 😐 一般回答

我不知道该说什么。

说啥呀?

## ☹ 低情商回答

有什么好说的,手机不比聊天有意思啊?

你不是挺能说的吗?你说吧,我听着。

啥意思,你嫌我不说话呗?能聊聊,不能聊就走。

## 🙂 高情商回答

你说的这个事儿很有意思,我听得有些入神了,你继续。

不好意思,我听得太认真了。

我正想问你呢,你平时也喜欢XX吗?

## 妙用激将，让对方乖乖顺你的意

### 激将法的核心

中国有句老话，叫"请将不如激将"，当你请将时，你是作为决策者或者权威者，向他人发出请求或命令，对方处于被动或者服从的地位。但是，当你激将时，实际上是在激发对方内在的动力和潜能，让对方自发地去行动或者努力。在激励的过程中，对方更多地处于主动地位，因此更容易产生积极的效果。

诸葛亮就是个激将的高手，简直将这种方式"玩出了花儿"。张郃率军来攻，诸葛亮想让老将黄忠去迎战，因为他老成持重，擅长打防守战。可是，当黄忠主动请缨时，他又说："张郃有万夫不当之勇，老将军年纪大了，我担心你无法取胜，还是让子龙和张飞去吧。"黄忠很生气，坚决请战，诸葛亮心中暗喜，却假装为难，又表演一番，激起黄忠的好胜心后，才让他带军出征。这一仗，黄忠果然大胜。

不久，夏侯渊又率军来攻。诸葛亮还是想让黄忠出战，却叹气说："老将军虽然英勇，但夏侯渊比张郃厉害多了，不仅是曹操手下的一员猛将，还是将才，还是派人到荆州把关羽找来吧。"黄忠听后很不服气，大刀舞得飞轮一样，愤然说道："昔日廉颇80岁高龄还能退敌，我现在才70岁，军师有什么不放心的。"诸葛亮再次派黄忠应敌，不仅大胜而归，还斩了夏侯渊。事后，他对刘备说："此老将不着言语激他，去了不一定能成功。"

除了黄忠之外，诸葛亮还"激"过周瑜、赵云、魏延、张飞等武将，而且一"激"一个准。之所以能这样准确，最关键的地方，在于诸葛亮对人性的把握。黄忠是老将，"激"他时要用"老"；张飞勇猛无双，"激"他时要用"勇"；周瑜自命不凡，"激"他是要用"辱"，核心原则是通过羞辱对方最看重、最擅长的事物，激发好胜心。比如，马超攻打葭萌关，张飞大叫出战，诸葛亮假装听不见，对刘备说："马超智勇双全，非关羽不能抵挡。"张飞立刻被激得"哇哇"乱叫。周瑜自命不凡，是坚定的主战派。诸葛亮为了坚定他的决心，故意说要把大乔和小乔送给曹操，激得周瑜咬牙切齿，最终决定联蜀抗曹。

## 见人下菜碟

具体如何使用激将法，《鬼谷子》中有专门的介绍："审定有无与以其实虚，随其嗜欲以见其志意……微排其所言而捭反之，以求其实，贵得其指阖而捭之，以求其利……或开而示之，或阖而闭之。"

《鬼谷子》这段话的意思是：首先要审定对方的品质，摸清真假虚实，顺从他的爱好和情趣，挖掘他的志向和意图，暗中观察对方的言语和行为，得知对方的真实情况后，可以采用不同的方法让对方为我所用，或开导，或贬损，或质疑。

也就是说，人的品性和素质千差万别，因此，在使用激将法时，针对不同的人，要使用不同的方法，要顺应每个人的特点去分别对待，"看人下菜碟"。

争强好胜型

这类人一般工作能力和抗压能力都比较强，有极强的好胜心。因此，可以通过与他人对比，否定其能力等方法激起他们的好胜心，达到自己的目的。比如可以说"你这个月的业绩怎么还不如某某""这个项目难度有点大，我还是交给某某做吧"。

理智分析型

这类人倾向于深入思考和分析问题，他们喜欢探究事物背后的原因和逻辑关系，喜欢将事情分解成具体的部分进行分析和理解，对于细微之处往往有敏锐的观察力。他们对信息持有一定的怀疑态度，习惯性地采取批判性思维，喜欢用事实和证据支持自己的观点。在工作和生活中，他们常常表现出严谨、深思熟虑的特点，倾向于有组织、有条理的工作和生活方式，喜欢按照一定的规则和流程进行。

对于这类人，我们可以提出一些具有挑战性的问题或设置一些特有的情境，激发他们的思维和求知欲。例如，可以这样问他："你认为这个方案的潜在缺陷是什么？有什么方法可以解决这些问题吗？""我问了不少人，他们都不太懂，你能帮我看看吗？"

**懦弱保守型**

这类人性格软弱，不喜欢挑战和压力，可能会因为害怕失败而不愿意尝试新的事物。相比于机会，他们更重视潜在风险和不确定性。因此，他们更需要的是保护和安全感。在对待这类人时，不能使用羞辱或打压的方式，而应该逐步引导和激励，帮助他们逐渐克服内心的恐惧和不安。例如可以说"这个项目交给你，做好了给你升职加薪，有什么不懂的随时问我"，或者"这件事办好了，有问题我扛，有好处咱俩分，你放心做就是了"。严格来讲，这种方式更偏向于激励，而不是激将。

在具体操作时，我们首先要设立一个明确的目标，明白自己使用激将法的目的是什么，想要达到什么样的效果。其次，在实施计划时，要设立明确的奖惩机制。即成功后的好处是什么，失败后有什么后果。最后，对于计划实施的效果，要建立良好的实时反馈机制，时刻监测计划的进展。

老话讲："树怕剥皮，人怕激气。"我们已经说过很多次，在一个人的情绪激活之后，理智是缺位的，这就是激将法的深层原理：通过激发对方的情绪或应激反应，使其行为或决策执行起来更为高效，达到为我所用的目的。

因此，在组织话术时，可以采用以下四种策略：

▷ **制造竞争和挑战**：通过制造竞争或挑战，激发对方的竞争心理，促使其努力达成目标或超越自己。这种方法常用于激发对方的好胜心，提高工作或学习的积极性。

▷ **抛出挑战或批评**：通过向对方抛出挑战或提出批评，可以激发其对自身表现的关注和改进欲望。这种方法需要注意语气和方式，避免伤害对方的自尊心。

▷ **利用情绪化言辞**：通过使用具有情绪化色彩的言辞或表达方式，触发对方的情绪反应，影响其思考和决策过程。这种方法需要谨慎使用，避免激怒或冒犯对方。

▷ **突显利益和动机**：通过突出行动的利益和动机，激发对方的积极性和投入度。例如，强调某种行为或决策的潜在好处和回报，从而促使对方采取行动。

## 深层逻辑

◇ 激将的关键是"激"，即引发对方的不良情绪。

◇ 对症下药，根据不同的人使用不同的方法和话术。

◇ 给对方提供一个发泄情绪的出口，即你为他设置的目标。

◇ 对于性格软弱的人，不建议使用激将法，结果往往会适得其反。

◇ 激将要设立奖惩制度。

**这样跟人对话，让对方为你所用。**

对方说：这个我做不了，你找其他人吧。

分析：认为有难度或者好处少，不想做。

### 😐 一般说法

哎呀，你就当是帮我一个忙好不好？

拜托了，就你最适合做这件事了。

### 😟 低情商说法

废物，这点小事都做不了。

你不做是吧？等着后悔吧！

你今天就是做也得做，不做也得做！

### 🙂 高情商说法

哎呀，你倒是提醒了我，这个事对你来说的确有难度。

算了，我找小李吧，以他的能力，做这个就是小菜一碟。

# Part 3

## 日常人际交往,如何回话人人爱

# 不要在别人面前喋喋不休

## 上林啬夫

汉代时,上林苑(皇家园林)有个叫虎圈的地方,圈养了不少猛兽。一次,汉文帝带着后宫嫔妃驾临虎圈,问上林尉(管理虎圈的官员)虎圈里各种野兽的情况,连着问了十几个问题,上林尉支支吾吾,一个也答不上来。汉文帝很生气,自己今天带着这么多嫔妃,本来想着出出风头,没想到碰上这么一个"呆瓜"。

就在气氛陷入尴尬时,啬夫(乡官)站了出来,对汉文帝的问题对答如流,成功救场。汉文帝很高兴,对左右说:"做官就应该这样,上林尉实在太不靠谱了。"于是当场下令,让啬夫替代上林尉。这时,张释之走上前来说:"陛下认为周勃(西汉开国功臣)怎么样?"文帝说:"是位长者。"张释之又问:"那张相如(西汉开国功臣)呢?"文帝说:"也是位长者呀,你到底想说什么?"

张释之接着说:"这两位都是国之栋梁,但却都不善言辞,您现在这样做,难道是为了让人们都去效仿这个喋喋不休、伶牙俐齿的啬夫吗?秦朝重用舞文弄墨的官吏,官员们都争相追求效率,苛刻行事,导致民不聊生,二世而亡。陛下越级提拔啬夫,上有所好,下必甚焉,很快朝中上下的官员就都会争相逞口舌之快,希望陛下三思呀。"文帝听后一怔,立刻取消了命令。这就是喋喋不休的出处。

汉文帝为什么会忽然怔住,取消了命令?因为他知道,治理国家,最没用的就是那些只会说话、不会办事的人,比如纸上谈兵的赵括。这些人不仅无用,而且有害。

很多人认为,想要让别人发现自己,就要多说话,多"抖机灵",让自己成为人群中"最闪耀的星",这样才有出头的机会。其实,这是个很大的错误,事实上正好相反。古往今来,能够成大事的人,大多老成持重,讲究"夫人不言,言必有中"。故事中的周勃,封绛侯,官至太尉,司马迁在《史记》中对他的评价是:"鄙朴人也。"班固在《汉书》中也说他"敦厚朴诚",从不会耍滑头,这就是古人所说的"巧诈不如拙诚"。

孔子就反复倡导少说话,多做事,"多闻阙疑,慎言其余,则寡忧""无多言,多言多败""君子欲讷于言而敏于行"。这个道理其实稍微想一想就能明白,你喜欢一个随意打断别人,说起话来没完没了,像是机枪一样的人吗?你找合作伙伴时,是想找一个喜欢"放空炮"不做事的人,还是谨言慎行的人?

## 喋喋不休是对他人的掠夺

从心理学的角度来讲,比起倾听,人类更喜欢诉说,甚至可以说,倾诉是一种生存本能,是刻在人类基因里的欲望。人类天生是社会性动物,需要与他人交流和分享内心感受。倾诉可以帮助个体表达自己的情感、想法和经历，满足心理上的交流和沟通需求。通过倾诉，个体可以获得情感上的支持和理解，减轻内心的压力和孤独感。另外，倾诉有助于个体厘清思绪、表达情感，从而实现情绪的调节和释放。通过诉说，个体可以面对和应对内心的挣扎、焦虑或压力，找到情感上的出口和解决方案，感受到他人的认同和支持，增强自我价值感和自我确认。

其实，大部分医生在治疗心理疾病时，第一步都是要听患者诉说，甚至连着十天半个月，不间断地倾听。而这些负面情绪，实际上是转嫁到了心理医生身上。所以，负面情绪其实也遵循"能量守恒"定律，当一个人喋喋不休时，实际上是对另一个人的掠夺。掠夺的对象，不仅仅是对方说话的权利，还包括对方的时间、经历和积极情绪。在交流中，如果一个人持续地占据话语权，不给对方喘息的机会，很容易让对方感到被掠夺、压抑。所以，喋喋不休不仅无用，而且有害。

古希腊有个被称为智者的学派。在成立初期，这个学派里包括各行各业的佼佼者，有教师、演说家、作家、哲学家等。他们出没于雅典的各个公共场所宣扬自己的知识，传播智慧，发表演说，回答问题，收取学费。可是，随着时间的推移，智者学派逐渐流于诡辩，醉心玩弄概念与文字游戏，以与人辩论为乐，以获胜为目的，以喋喋不休的方式发起进攻，专门教人辩论。

这些诡辩忽略了客观，只以主观感受作为标准。

Part3 日常人际交往，如何回话人人爱

如果你和生活中的喋喋不休者有过对话经历，你就会发现，这些人大多数也喜欢诡辩。因为他们的进攻性很强，以说服别人为目的，对话往往会偏离实质和客观，沉湎于主观感受和诡辩之中。这种方式可能使交流变得无意义，因为无论你说什么，对方只关注自己的观点和感受，而不愿意真正倾听或探讨其他观点。

**抓不住重点**

我们先来看一段对话：

孩子："妈妈，这道题我不会做。"

妈妈："这么简单的题你怎么能不会做呢，老师上课没有讲吗？我看看……这题我不是昨天刚给你讲过吗，怎么这么快就忘了！你看看你，在家做作业的时候都那么多小动作，上课肯定也没有认真听讲……还在抠手指头，手指头上有什么，哪来那么多小动作！我让你把手放下听见没有？你爸在外面辛辛苦苦赚钱供你上学，我每天伺候你一日三餐，给你洗衣做饭，你就是这样回报我们的？不能上就别上了，早点出去捡垃圾去，真是气死我了！"

妈妈说了很长一段话，但是，我们把重点提炼出来，一共只有两个：第一是刚讲过的题孩子忘了，第二是孩子小动作太多。本来十几个字就能说清楚的事，却说了这么长一大段，孩子一紧张，应激反应被激活，大脑一片空白，本来会做的题也不会了。妈妈则更加生气，冲突就这样产生了。

## 我们再来看下面这条新闻：

11月11日零点开始，位于杭州的阿里巴巴西溪园区开始骚动起来，大屏幕上开始滚动起数字，第2分钟，交易额突破10亿元，第5分钟，交易额突破20亿，第10分钟，36亿！这场购物狂欢节开场38分钟28秒之后，大屏幕上的数字定格在100亿元，人群中再次爆发出一阵骚动，今年注定又是一个疯狂的双十一。38分钟，阿里巴巴双十一的交易额就破了百亿元大关，而在去年，破百亿用时5小时49分。

今年双十一的一大特点是无线端交易额占比明显上升，用手机端支付者将近占了一半。截至记者发稿时，无线端成交占比达到了45.7%。

这段文字共200多个字，但关键内容只有不超过50个字：双十一阿里38分钟交易额破百亿，用时比去年大大降低，近半为手机支付。

所以，无论在日常生活还是新闻报道中，关键信息的量都是极少的，一般不会超过三分之一。这正是大部分喋喋不休的人都存在的问题——说话缺乏逻辑，抓不住重点，容易使人感到厌倦。

我们上面说了喋喋不休的三个害处：一是容易给人以轻浮的印象；二是容易陷入诡辩，给人咄咄逼人的印象，是对他人时间、表达权利和情绪价值的一种掠夺；三是容易缺乏逻辑，抓不住重点。

接下来，我们再深入一步分析，为什么有人喜欢喋喋不休呢？

从生理角度来看，不停地表达自己的想法、感受或经历，特别是得到他人认同或关注时，人会感到愉悦和满足。而表达情感和经历可以激活大脑的奖励回路，这两种情况都可以促使多巴胺释放，使人获得快感和满足感。

从心理学的角度来看，喋喋不休可能是一种应对焦虑和内心不安的方式，有些人在紧张或不安的情况下，倾向于用说话来分散注意力或寻求心理上的安慰和支持；有些人通过大量说话来寻求他人的认同和关注，他们希望引起他人的注意，从而获得社交上的满足感和自我肯定；有些人则是为了自我宣泄和发泄内心的情绪。说话可以帮助他们释放压力和紧张感，缓解情绪上的负担。还有一部分人可能天生健谈或具有较强的口才和表达能力，习惯性地倾向于说话。他们可能享受与他人交流的过程，乐于通过言语表达自己的想法和观点。

无论哪种情况，喋喋不休都是一种有害无益的行为和习惯。那么，我们应该如何避免喋喋不休，在对话中抓住重点呢？这就是接下来我们要讨论的问题。

## 深层逻辑

◇ 喋喋不休可以获得愉悦感。

◇ 喋喋不休存在三个问题：抓不住重点，咄咄逼人，给人以轻浮的印象。

◇ 喋喋不休是对他人说话时间和权利的掠夺，不要过度分享，口若悬河。

> **和喋喋不休的人这样对话，可以有效沟通。**
> 对方说：今天真是太倒霉了，你不知道，公司那个小王你知道吧，真是太讨厌了，今天看见我就直接跟我说……还有那个小李，吃饭的时候不小心撞到我，把我……你都不知道，下班后更倒霉……你先别插话，听我说完，那个……
> 分析：把你当成"垃圾桶"发泄情绪。

## 😐 一般回答

是吗？这些人确实讨厌。

怎么能这样对你呢？

## 🙁 低情商回答

你能不能歇一歇？就你长了一张嘴是吧，整天叽叽叫的。

我对你的破事没有兴趣，能不能不要烦我？

能不能别说了，烦死了。

☺ **高情商回答**

知道你倒霉了,我今天也倒霉,走,一起吃点好的散散霉运。

你帮我看看这个方案,老板等着要呢。

不好意思,我这会儿有点事。

## 抓住重点，避免无章法问答

### 言慢者贵

一个人喋喋不休，表面上看是语言习惯的问题，其实，再往深层分析，是心理层面和思维层面的问题。从心理层面来讲，是意识不到每个人都有表达和分享的欲望，缺乏共情能力，是把对方当成了负面情绪的"垃圾桶""回收站"。

从思维层面来讲，喋喋不休的人没有抓住重点的思维习惯，具象到语言上，就变成了说话又多又密，没有逻辑，想到什么就马上说出口，根本不考虑这句话说出去有什么后果。古人讲："水深则流缓，语迟则人贵。"水越深，流速就越慢，有时候水面上看起来风浪很大，但实际上内里是稳定的。人越有修养，说话就会越慢，因为他们在开口之前，已经想好了要说什么，怎么说。

比如，曾国藩是出了名的说话慢。刚入官场时，他青年得志，认为自己就是天之骄子，一心想着平步青云，把"敢"字作为自己的座右铭，说话时也口无遮拦，处处都要压人一头，时时想着出风头，经常得罪人。咸丰皇帝登基后，他上书批评说："（咸丰）小事精明，大事糊涂。徒尚文饰，不求实际。刚愎自用，饰非拒谏，出尔反尔，自食其言。"事后，曾国藩差点被治罪。从此之后，他再也不敢随意说话，而是收敛锋芒，悟出了"言慢者贵"的道理。

后来，他在给李鸿章的信中说："国藩败挫多年，慎极生葸，常恐一处失利，全局瓦解，心所谓危，不敢不告也。"

所以，想要改掉喋喋不休的毛病，首先，要有畏惧心，知道语言也是"利器"，说出去的话不仅能够伤人，还能伤己。比如，许攸在帮助曹操夺取冀州后，就多次在公开场合表示："要是没有我，曹阿瞒能夺冀州？"最终因逞口舌之快被杀。

其次，要有意识地进行思维训练，学会高效沟通技巧，避免啰唆。结构化思维就是一种十分有效的方法。

## 结构化思维

什么是结构化思维呢？结构化思维是一种系统化、有条理的思考方式，它强调将复杂的问题或信息进行分解、分类和组织，以便更清晰地理解、分析和处理。结构化思维有助于减少混乱和不必要的复杂性，使得问题更容易被理解和解决。

**主题鲜明**

在说话之前，首先要明确自己要表达的主题是什么，也就是要把观点放在第一位，以结果为导向，把核心凸显出来，对自己要表达的观点或意图进行明确的概括和定位。

比如，可以这样说："我想和你讨论我们下一步的合作计划。

我希望我们能够集中精力在市场推广方面展开合作,尤其是利用社交媒体和线上广告。我觉得这会对我们的业务增长有很大帮助。""我们本次旅行的主要目的是探索城市历史,品尝当地美食。"

这样的表达方式,能够清晰地指出对话的主题和关注点,有利于双方在交流中明确目标和重点,避免在对话中偏离主题或陷入无关的讨论。

**分类组织**

明确主题之后,紧接着要围绕主题,对核心问题进行分类,再针对每一个细分问题进行分别讨论。例如,如果主题是市场推广合作计划,可以分类为社交媒体推广、线上广告、目标受众等核心问题。接下来,再针对每个子主题,展开详细的讨论和分析。例如,在社交媒体推广方面,可以讨论选择的平台、内容策略、目标设定等具体问题。

在讨论过程中,针对每个细分问题提出解决方案或建议。这些建议应与整体主题和目标保持一致,有助于推动对话朝着实际行动和决策的方向发展。这样可以确保对话的结构清晰、有条理,使沟通更加高效。

**逻辑递进**

在组织语言的过程中,逻辑非常重要。我们来看下面这段对话:

A:"你知道吗?我今天去看了一部新电影,真的超级好看!"

B:"哦?是哪部电影?讲什么故事的?"

A:"你看我这脑子,刚看过就忘了,但是是一部悬疑片,情节非常紧凑,尤其是最后的反转,简直太绝了!电影院的环境也不错,新开的。"

B:"哇,听起来很不错啊!"

A:"确实好看,演员的演技都在线,特别是女主角。"

B:"那确实不错,现在的演员演技都太差了。"

A:"你不知道,我看电影的时候感觉老兴奋了,而且音效和画面也都一级棒!"

B:"你说得我都想看了。"

这段对话就是典型的没有逻辑关联,主题和观点之间的切换比较突兀,没有形成清晰的逻辑结构。对话中的主题从讨论电影开始,但在提及具体电影内容后,没有围绕电影展开更深入的讨论或评价,而是突然切换到演员和个人观感等方面。更重要的是,这些转变没有逻辑关联,使得对话显得杂乱无章,导致听者难以理解和跟随。

所以,在对话时,一定要注意逻辑顺序,采用时间顺序、因果关系、空间顺序等方式,确保信息表达清晰有序,如此可以在对话中加入一些有逻辑顺序的词。

**时间顺序:** 首先、其次、最后,过去、现在、将来,之前、之后,随后、继而等。

示例：首先，我觉得我们需要先明确问题的背景，然后再探讨可能的解决方案。

▷ **因果关系**：由于、因此，因为、所以，以致、为此等。

示例：由于这个原因，我们需要更仔细地考虑每个方案的具体后果。

▷ **空间顺序**：在前面、在后面、在左侧、在右侧，在内部、在外部、里面、外面，从某某角度看等。

示例：在这个方面，我们需要考虑城市发展的内部和外部因素。

根据结构化思维，我们把那段介绍电影的对话改成有逻辑递进的形式：

A："你知道吗？我今天去看了一部新电影，真的超级好看！"

B："哦？是哪部电影？讲什么故事的？"

A："你看我这脑子，刚看过就忘了，是一部悬疑片。"

B："你感觉怎么样？"

A："情节紧凑，女主角演技在线，尤其是最后的反转，简直绝了，看得非常过瘾。还有，电影院环境也不错。"

B："那确实不错，现在的演员演技都太差了，我也想去看。"

这段对话，从电影主题入手，围绕电影质量和个人体验展开，重点突出，逻辑连贯，这样就清晰很多了。

《贞观政要》说："非知之艰，行之惟艰。"知道道理很简单，要真正去做才能达成目标，这就是王阳明所说的"知行合一"："今人却将知行分作两件去做，以为必先知了，然后能行，我如今且去讲习讨论做知的功夫，待知得真了方去做行的功夫，故遂终身不行，亦遂终身不知。"

所以，在了解了结构化思维的方式之后，更重要的是去刻意练习，提高自己的语言组织能力和逻辑思维能力，防止出现喋喋不休的情况。这里可以使用"一分钟表达法"，即不管跟别人沟通什么事情，尽量在一分钟内表达完自己的观点，最终形成一种语言风格与说话习惯。

**深层逻辑**

◇ 喋喋不休是缺乏共情能力，抓不住重点。

◇ 结构化思维可以克服喋喋不休的习惯。

◇ 说话时主题要明确。

◇ 分解母题，分别讨论。

◇ 每句话要有逻辑关系。

## 这样汇报工作,效率提升一倍。
上司:最近项目进行得怎么样?

### ☺ 一般回答

还行,凑合吧。

挺顺利的。

老板放心,交给我吧。

### ☹ 低情商回答

我怎么知道,我又不是负责人。

怎么样你不知道吗,你是老板还是我是老板?

你问我,我问谁去?

### ☺ 高情商回答

项目总体进展顺利,我们按计划完成了前期的准备工作,包括需求分析、系统设计和技术准备。目前正在进行开发阶段,团队成员积极配合,进展比预期要快一些。接下来我们将重点关注功能模块的开发和测试工作,以确保按时交付项目。

## 把握说话的时机

### 糟糠鄙俚叔孙通

老话说:"打铁要看火候。"说话也同样如此。同样的话,在不同的时间说出来,起到的效果不一样,这是时机问题;同样的话,在不同场合说出来,可能会起到相反的效果,这也是时机问题。

《论语·季氏篇》中说:"言未及之而言,谓之躁;言及之而不言,谓之隐;未见颜色而言,谓之瞽。"没轮到自己说话的时候就说,这叫急躁;该说的时候不说,这叫有话不说;不看对方脸色滔滔不绝,这叫盲目。

这三个毛病,的确是生活和职场中我们常出现的问题,心直口快的苏轼,就是这方面的典型。

苏轼为人风趣幽默,经常不分场合地调侃别人。朋友陈慥的老婆善妒,经常在家里来客人的时候大吼大叫,苏轼专门写了一首词说:"忽闻河东狮子吼,拄杖落手心茫然。"这样的调侃,对朋友倒是无伤大雅,不过,要是得罪了不该惹的人,后果相当严重。

司马光去世后,程颐主持葬礼。程颐、程颢就是大名鼎鼎的"洛学"开创者,号称门生遍天下,被时人称为"洛党"。那天正好朝廷也举行大典,百官参加完大典之后,又马不停蹄地赶到司马府吊唁,走到门口时,程颐却站在门口把人全拦住了,一本正经地说:"'子于是日哭,则不歌。'你们在太庙已经参加了吉庆,就不能再到这里吊唁了。"苏轼立刻反驳说:"孔夫子只说'哭则不歌',又没说'歌则不哭'。"

程颐一看说不过,又让人通知司马家的子孙不能接受吊唁,理由是家里长辈去世,孝子贤孙们应该哭得全身瘫软,不能动弹。苏轼大为不屑,当着众人的面调侃道:"你真是糟糠鄙俚叔孙通。"(大意是说:你是哪个烂泥塘里爬出来的叔孙通,这么多迂腐的规矩。叔孙通是汉初制定朝仪的大臣,最精通儒家的各项礼仪)此言一出,惹得围观众人哈哈大笑,程颐闹了个大红脸,从此记恨在心。

苏轼原本以为,这就是一次简简单单的日常调侃,笑一笑就过去,可他却远远低估了程氏兄弟的力量。没过多久,程颐的徒子徒孙们就开始对苏轼展开攻击,弹劾的奏折如同雪片一样落在皇帝的案头。这些人都是"扣帽子"的高手,从苏轼的诗词文章中寻找各种所谓的"罪证",誓要置他于死地。就为这事,苏大学士差点又被贬谪出京。

苏轼为什么会受到"围殴"?一是因为他讲话不分场合,在百官麇集的公共场所开程颐的玩笑;二是因为他对于事情的严重性产生了误判,认为只不过是开个玩笑,没有多大的影响,对不该开玩笑的人开玩笑,这就是对于时机的误判。

那么，在生活和工作中怎么判断说话的时机呢？

## 看说话的对象

对不同的人，说话时要注意用词和分寸，该雅的时候雅，该俗的时候俗。

央视主持人敬一丹曾经采访过一位山东的养猪分会会长。采访之前，她做了充分的准备，把采访稿过了一遍又一遍，确保万无一失。为了能够更"接地气"，她当天还专门穿了一件十分朴素的夹克。可是，见到采访对象后，她一开口还是出问题了。敬一丹问："会长，咱们这个养猪分会能够辐射多少农户？"会长一脸茫然，挠头看着镜头，竟然不知道该怎么回答。敬一丹这才意识到，对方是不懂"辐射"这个词的意思。

苏轼说："吾上可陪玉皇大帝，下可陪卑田院乞儿。"事实上也确实如此。苏轼的朋友，有庙堂高官，有风雅文人，有田间地头的农民，甚至有街边的乞丐，就是因为他说话时能"阳春白雪"，也能"下里巴人"。

针对不同文化程度和身份地位的人，我们应该选择适合他们理解和接受的语言和表达方式。对于知识渊博、地位高贵的人，可以使用更加正式、雅致的语言和措辞，展示尊重和礼貌；而对于普通大众或农民、工人等，应该使用平易近人、生动活泼的语言，使自己更加接地气、贴近生活。

除了看文化程度和身份之外，还要看对方的性格。不同的人性格特点不同，需要有针对性地进行沟通。对于外向、活泼的人，可以采用幽默、活泼的方式与他们交流；而对于内向、严肃的人，则应该表现出稳重、深思熟虑的态度，尊重他们的思考和表达方式。

## 看对方的情绪

小时候有件事让我印象特别深刻，一直到现在还记得清清楚楚。那天我在外面疯玩了一天，想吃根冰棍，回家后看见老爹阴沉着脸坐在沙发上，想也没想就要零花钱。老爹让我先出去，我还是缠着他要，没想到他突然爆发，给了我一记"窝心脚"，抬起手还要再打时，老妈赶紧把我拉了出去。我只感觉莫名其妙，哭得十分委屈。老妈跟我说："出门看天气，进门看脸色。没看见你爸正烦着吗？"那件事之后，我就学会了"看脸色"说话。

人际交往的形式虽然五花八门，但总体来说可以分为两类：一类是索取，一类是付出。

**需求性索取**：着重于个人需要的满足，通常是为了获取某种资源、信息、帮助或支持而与他人互动。这种交往可能会表现为一种单向的关系，关注自身的利益和目标。

**情感性索取**：这类交往倾向于从他人那里获取情感上的满足或支持，比如寻求安慰、理解、关心。这种交往往需要对方的情感投入和回应。

与索取相对的就是付出。这种互动既包括具体事物，也包括情绪。心理学研究表明，人在情绪稳定、心情愉悦时更容易接受索取。这种情绪状态会降低人们的防御性和警惕性，增强个体对他人的信任感，更愿意相信他人的动机和意图，从而更容易接受他人的请求或需要。

相反，当人陷入负面情绪时，会触发个体的防御机制，使其更加警觉和谨慎。在这种状态下，人们更倾向于保护自己，而忽略他人的期望或请求。另外，负面情绪还会加重个体对风险和不确定性的敏感度，导致更加谨慎和保守的行为。

所以，如果你对某人有所求，最好等到他心情好的时候再去说。

## 看说话的场合

在《三国演义》小说中，许攸和曹操、袁绍是至交好友。后来，许攸投靠袁绍，曹操与袁绍交恶，袁绍发兵攻打曹操。由于袁绍雄踞四州之地，兵多粮广，曹操逐渐落于下风。此时，许攸家人被抓，他便投靠曹操，将袁绍屯粮的地点乌巢告诉了他。靠着这条机密，曹操派人夜袭乌巢，烧光袁绍粮草，最终取得了战争的胜利。许攸认为自己立了大功，于是开始不分场合地叫曹操小名阿瞒，逢人就说："要是没有我，曹阿瞒根本占不了冀州。"一开始，曹操还客客气气地假装附和，时间一久，他便再也忍不住，于是纵容手下把许攸给砍了。

许攸的问题，就在于他不分场合地乱叫曹操的小名。曹操身为一国之主，需要维护领导者的权威，确保自己的统治稳固。许攸的行为不仅是对曹操个人的不尊重，更是对整个统治体系的挑战。在政治权力的层面上，曹操无法容忍身边的人对他的权威产生怀疑或嘲讽。

所以，平时讲话时也需要注意场合和对方的身份地位。尤其是在与权威人士或领导者交往时，要尊重其身份和权威，避免使用不恰当或不尊重的言辞。

▷ **尊重身份地位**：确保用语得体，避免不当的称呼或用词。尊重对方的职务和地位，表现出恰当的敬意。

▷ **注意用词和语气**：言辞应当礼貌、谦虚，不要使用冒犯或挑衅性的语言。语气要友善和适度。

▷ **避免夸大或炫耀**：不要过分夸大自己的成就或功绩，避免炫耀和自负，以免给对方造成不适或不满。

▷ **倾听和尊重意见**：要善于倾听对方的意见和建议，尊重他们的观点和想法，表现出真诚的关心和理解。

▷ **注重礼节**：在言谈举止上，要注意礼仪和礼节，尤其是在正式场合或公共场所，要展现出得体和专业的形象。

在人际交往中，言谈举止的得当与否，常常决定了我们与他人之间的关系和沟通效果。因此，善于把握时机、场合和对方的身份地位，是我们在交往中应当重视的技巧和品质。

## 深层逻辑

◇ 说话时要看对象，分雅俗。

◇ 人在心情愉悦时更容易沟通。

◇ 说话看场合，不该说的话不要说。

◇ 尊重和理解是沟通成功的关键。

---

**这样回领导的话，升职就在明天。**
领导说：你最近表现不错，好好干。

### 😐 一般回答

谢谢领导，我会继续努力的。

### 🙁 低情商回答

那是，也不看看我是谁。

我表现这么好，领导啥时候给我升职呀？

一将无能，累死三军，你好好反省一下吧。

### 🙂 高情商回答

强将手下无弱兵，跟着您干，想做不好都难呀。

我就是划船的，关键还是您舵掌得好。

Part3 日常人际交往，如何回话人人爱

# 说话曲直应有度

## 直与曲

《庄子·逍遥游》中有个很有意思的故事。有一天，惠子对庄子抱怨道："我家有一棵大树，人们都叫它樗，长得又高又粗，枝繁叶茂，可是却一点用都没有。它的树干臃肿盘结，无法用绳墨来取直；它的小枝弯弯曲曲，无法用圆规取材。它生长在道路旁，连木匠都懒得看一眼，你说它有什么用？"庄子听后笑着说："你看野猫和黄鼠狼，它们潜伏在阴影处，弯曲着身子，伺机猎取那些出游的动物。它们左右跳跃，不避高低，最后却落入了猎人的陷阱里。"

野猫和黄鼠狼有用，所以最终被猎人抓获；树没用，所以木匠看不上，最终得以存活。

另一个与庄子有关的故事，与此类似，但结局不同，出自《庄子外篇·山木》。庄子和弟子在山上看到一棵不成材的大树，徒弟说："这树真是一点用也没有，白白长了这么高。"庄子说："正因为它没用，所以才能长这么高啊。"晚上，庄子和徒弟在一户人家留宿，第二天，主人准备杀鸡款待庄子。仆人问："一只鸡会叫，另一只不会叫，杀哪只呢？"主人说："当然是杀不会叫的，因为它一点用也没有。"弟子听到后问："树因为没有用而得享天年，鸡却因

为没用而被杀,到底什么才是对的?"庄子听后笑着说:"这就是道,只有站在材与不材之间,顺其自然,才能超然物外。"

庄子讲的"材与不材之间",就是平衡、适度,说话与沟通也是一样,要讲究曲直有度。

《本草纲目》中说:"设绳墨而取曲直。""绳墨"是木工打直线的墨线。"绳之取直",反之就是曲。

"直"有两层含义,一是讲真话,有什么就说什么,二是直来直去,打"直球"。"曲"也一样,一是讲假话来达成目的,二是委婉地说。什么时候用"直",什么时候用"曲",是沟通中必须讲究的分寸。

## 使用"直"

当情况需要坦率、真实和直接的回答时,可以选择使用"直"。这种方式可以表现出诚实,有助于建立信任和清晰的沟通机制。在需要表达自己的真实想法或情感时,直接的方式能够让对方更好地理解你的立场和观点。适用于简单明了的情况或对方期待直接答案的场合。

唐太宗以善于纳谏著称,魏征是当时最有名的谏臣。一开始,魏征跟随太子李建成,就常劝李建成除掉李世民。后来发生"玄武门之变",李世民杀了自己的兄弟荣登大宝,召来魏征问责:"你为什么离间我们兄弟?"魏征直言不讳地说:"太子要是听我的,就不会有今日之祸了。"李世民被他的真诚打动,让他做了谏议大夫,专门负责监督和规劝皇帝。之后，魏征多次犯颜直谏，甚至搞得李世民下不来台。但是，李世民却对他称赞有加，说跟他说话，就像照镜子一样，能够看到自己的缺点和过失。

常言道："伴君如伴虎。"跟皇帝相处，一不小心就会落得个砍头抄家，可魏征却因为直言平步青云，就是因为他知道皇帝看中的就是他的"直"，而且需要他这样去做。试想一下，如果李世民问责时，魏征第一时间表示"认怂"，结果还能一样吗？

可是，反过来想一想，历史上又有多少人因为直言进谏而遭遇杀身之祸呢？唐太宗胸怀天下，一心要建功立业，所以不在乎，但换个皇帝可就不一样了。如比干与纣王、欧阳通与武则天、狐咺与齐潜王等。所以，要不要"直"，最重要的是要看对方的性格和宽容程度。

## 使用"曲"

在人际交往和日常沟通中，当需要委婉或圆滑地表达意见或拒绝请求时，可以选择使用"曲"这种方式以缓解尴尬和冲突，保持关系的和谐，必要时甚至可以说假话。

我们所认为的对错都是相对的。曹操为了激励士兵，说前面有一片梅子林，"士卒闻之，口皆出水，乘此得及前源"。判断对错的方式，不是看一个人说了什么，而是要看他说话的目的是什么。医生为了病人的健康，把病情说得比实际上轻很多；教师为了激发学生的学习兴趣和自信心对学生的表现给予积极的评价和鼓励,即使实际情况并非完全如此;领导为了保持团队的稳定,激励士气,在面对挑战或困难时,有意缩小困难……这些都是"善意的谎言"。

在处理敏感话题或涉及他人情感的情况下,委婉的表达方式能够避免冲突和伤害,适用于需要考虑对方感受或处理复杂情况的场合。

▷ **负面反馈**:当需要提供负面反馈或批评时,可以采用委婉的方式,避免直接伤害对方的自尊心或情感。例如,可以说:"我觉得这个方案还有改进的空间。"

▷ **拒绝请求**:在拒绝他人的请求时,可以委婉地表达自己的立场和理由,避免给对方带来过多的失望或挫败感。例如,可以说:"我现在手头有点事情,如果你不着急的话,可以等我一会儿吗?""不好意思,我现在有点忙,你可以去找某某某吗?"

▷ **表达关注和关心**:当面对他人的困境或挑战时,可以用委婉的方式表达关心和支持,避免给对方带来过多的压力或焦虑。例如,可以说:"我看你最近情绪不太好,是遇到什么事了吗?"

▷ **处理敏感话题**:在涉及敏感话题或个人隐私时,可以选择委婉的措辞,尊重对方的感受和隐私。例如,可以说:"这个话题可能有些敏感,如果介意的话,你可以直接跟我说。"

▷ **婉转提出建议**:当需要提出建议或指导时,可以使用委婉的语气，避免给对方造成压力或防御心理。如果直来直去，很容易被人当成是指手画脚。例如，可以说："我们可以试一下，看看能不能换一种方式解决这个问题。"

学会在沟通中寻找曲直的平衡点，既能表达真实和诚实，又能考虑他人的感受和处境，是提升沟通效果和人际关系的关键手段之一。通过不断的实践和思考，我们可以逐渐培养出应对各种沟通场景的技巧和智慧，让沟通更加顺畅、有效，同时保持对彼此的尊重和理解。

## 深层逻辑

◇ 直可以提高沟通效率，适用于简单明了的情况。

◇ 曲是为了顾及对方的感受。

◇ 曲和直要根据对象和场合做不同选择。

◇ 欺骗并不全都意味着错或恶。

---

**这样提出建议，别人更容易接受。**
对方说：你看看我这个方案哪里有问题？

### ☹ 一般说法

这里有点问题。

不太行，你再改改吧。

## ☹ 低情商说法

你搞的这是什么东西?

太烂了,重新做。

什么玩意,我怀疑你是来混工资的。

## ☺ 高情商说法

这个方案做得确实不错,不过我觉得还有一些细节可以进一步优化。比如这个部分……你觉得怎么样?

这个方案的整体思路很好,不过可能还有一些地方需要调整一下,你看这里……你觉得呢?

# 把握好说话轻重的分寸

## 重话轻说

北宋宋真宗时，辽国萧太后与辽圣宗率领数十万大军南下入侵，一路攻城略地，逼近北宋都城汴梁，朝中一片哗然。众官员上书皇帝，要求将中央政府迁到江南或蜀中，真宗也畏敌如虎，想要偏安一隅。这时，寇準力排众议，逼着真宗御驾亲征，终于稳定住局面，与辽国签订了和议。

因为这件大功，寇準升职做了宰相。寇準有个朋友叫张咏，当时在成都做官。他听说后，对自己的僚属叹道："寇準的确是个不可多得的人才，可惜为人处世的方法不足，权术不够。"后来，寇準果然因为性格太过刚直得罪了不少人，被贬到陕西为官，正赶上张咏从成都卸任经过陕西。

老友见面，分外开心。寇準和张咏把酒言欢，聊得非常痛快。临走时，寇準一直把他送到郊外，临分别时，张咏语重心长地说："《霍光传》不可不读呀。"寇準十分纳闷，不知道这老友葫芦里卖的到底是什么药。

回家之后，寇準第一时间拿出《汉书》，翻到《霍光传》一章，读到"然光不学亡术，暗于大理"时才恍然大悟，原来，这位老友是说自己不懂人情，权术不足，早晚要吃亏。可惜到这时已经晚了。

霍光是汉代大臣，霍去病同父异母的弟弟，深受汉武帝赏识。汉宣帝即位后，霍光权倾朝野，为了巩固权力，他的妻子霍显想把小女儿立为皇后，可惜宣帝却执意要立许氏为皇后。霍显便买通女医官毒死了许氏，霍光的女儿也顺利当上了皇后。霍光去世后，宣帝想要立许氏在民间的儿子刘奭为太子，霍显想要故技重施，不料阴谋暴露，霍家也因此遭遇灭门之灾。

张咏旁敲侧击，寇凖立刻就明白了朋友的用意，这就是俗话说的"响鼓不用重槌"。生活和工作中，事有轻重缓急之分，说话也一样有轻重之分。张咏的这种方法，就是典型的"重话轻说"。

重话轻说，就是将很严厉的批评，用收敛克制的语气说出来，以"敲打"为主。这种做法，适用于那些有悟性、一点就通的人。比如，领导跟下属说："要注意团结。"这实际上是在告诉下属：你跟其他人相处得不太好，要注意点。如果是聪明的下属，当然能想到这一层，可如果是个"榆木脑袋"，可能就会认为领导只是在跟自己说"套话"。再比如，领导跟下属说："你的能力很突出嘛。"能听懂弦外之音的下属会想到：领导这是让我低调一点，点我呢。听不懂的还以为是在夸自己。如果对方悟性不足，就要把问题直接指出来，讲明白，防止再次出现类似的情况。所以，在使用重话轻说时，一定要注意因人而异。

还有一种情况，人在情绪激动时，往往会加重说话的语气，夸大造成的危害和损失，言辞也会变得激烈或夸张，进而加重说话的语气。这种情况下，可能会造成沟通上的误解或进一步激化矛盾。

《格言联璧》中说："盛喜中，勿许人物；盛怒中，勿答人书。喜时之言，多失信；怒时之言，多失体。"得意忘形时，许下的承诺大多无法兑现，盛怒之下说的话很容易不得体，做事也容易冲动。比如，关羽被害后，刘备决心伐吴为他报仇，于是亲自带兵伐吴。诸葛亮和群臣一起苦劝，说当前大敌是曹魏，"若只欲伐吴，命一上将统军伐之可也，何必亲劳圣驾？"不久，张飞又在军营中被害，刘备彻底爆发，率领大军南下。诸葛亮怏怏不乐，对群臣说："法孝直若在，则能制主上，令不东行。"后来，蜀军果然被火烧连营，大败而归。这就是盛怒之下做出的错误决定。

因此，无论是盛怒还是大喜，说话时都要先调整情绪，等冷静之后再表达自己的观点，采取理智的行动。

## 轻话重说

"轻话重说"，就是用严厉的措辞来夸大问题的严重性，一般用于批评的场合，目的是让对方意识到错误，从根本上解决问题。

举个例子来说。公司有个新来的员工，上学时懒散惯了，认为迟到早退不是什么大问题，经常迟到。如果每次部门经理只轻飘飘说一句"下次注意点。"，这位员工根本无法意识到自己的问题。

可换一种说法，夸大问题的严重性，就能起到立竿见影的效果。比如，可以说："一个月就30天，这才半个月，你都迟到3次了。我这倒是没什么，可公司不是我开的，这么多人看着呢。人事部门今天找我谈话了，准备开除你，现在怎么办？"这样一说，员工就能意识到问题的严重性。与之相对，就算员工真的犯了重大错误，如果还要用他，且对方的认错态度良好，反而要把问题往小了说。这样一来，他自然会感恩戴德，对你产生信任与依赖。

**除此之外，还有以下几种情况，也适用轻话重说的原则**

▷ **紧急情况下的警示**：当面临紧急情况或危机时，有时需要使用严厉的措辞来提醒他人及时采取行动。

▷ **涉及原则问题**：在涉及重大道德或伦理问题时，也需要采用严厉的措辞来强调其严重性。

▷ **预防危险行为**：对于可能导致严重后果的危险行为，采取"轻话重说"可以提醒人们注意风险，避免潜在的危险。比如，我们经常能在水边看到这样的标语：珍爱生命，谨防溺水；水中有险情，游玩需谨慎；水深危险，请勿靠近等。

生活和职场中，选择适当的表达方式，根据对方的接受能力和情境需求进行调整，是实现有效沟通的关键。无论是在管理团队、指导下属，还是处理人际关系时，我们都可以借鉴"重话轻说"和"轻话重说"的原则，以更加理智和成熟的态度应对人际沟通中的各类问题。

**深层逻辑**

◇ 重话轻说是为了"敲打",但要对方有悟性。

◇ 轻话重说是为了杜绝、警示。

◇ 情绪激动时不许诺。

**这样教育孩子,能起到事半功倍的效果。**
孩子说:我下次再也不敢偷东西了。

### ☺ 一般说法

知道错了就好。

你真是太让我失望了。

### ☹ 低情商说法

下次再偷手给你打断!

我真不知道怎么会教出你这样的小偷!

让你尝尝挨打的滋味。

### ☺ 高情商说法

我们一起去跟老师承认错误,把同学的东西还回去,你能做到吗?

犯错不可怕,怕的是一直犯错,你怎么保证这是最后一次呢?

爸爸妈妈相信你能改正,我们比任何人都了解你。不过,咱们是不是先说好,再有下次该怎么惩罚呢?

## 调解纠纷时的说话技巧

### "九书记"受伤记

前几年,我一个老舅出了件让人啼笑皆非的事。他一直想当村支部书记,可到老都没能混上一官半职,最多做到小组长。村里人给他起了个"九书记"的外号,意思是他是村里第九个想当书记的人。

出事的那年,我老舅正好当上了小组长,每天都盼着能有点事,让他一展身手,显示一下自己出众的办事能力。终于,这个机会来了。当时,他们小组的两个村民,因为一点小事打起来了,老舅非常兴奋,第一时间赶去给人家主持公道,调解纠纷。第一次去的时候,两个村民根本就不听他的,当着他的面又掐了一顿。老舅很恼火,但又无可奈何。于是,他总结了第一次失败的教训,又鼓起勇气去了第二次,可还是没有结果。

虽然前两次都失败了,但是老舅没有灰心。刘备三顾茅庐才请得卧龙出山,老舅坚信,只要坚持就能取得最后的胜利。但是,在第三次进行调解时,他被两个人殴打,打到医院里去了。

调解纠纷被打进医院,我还是第一次听说这种事,还好伤得不重。出于对老舅的关心,我买了点营养品到医院去看他,听他讲起调解的经过。"那两个小子真不是东西，"老舅愤愤地说，"本来大家各退一步，这事就算了结了。"我问他是咋调解的，老舅说："前两次调解，他们死活不同意，第三次去，我直接拿了个文件让他们签，谁不同意就罚款。"我这才恍然大悟，原来是这么回事。

老舅只是个小组长，根本就没有罚款的权力，加上他平时说话又比较冲，肯定是"耐心值"消耗完了，说了什么难听的话，把人家给惹毛了。他平时在村里威望就比较低，人家不服他再正常不过了。

调解纠纷也是生活中的常见情境。比如，家庭成员之间发生争吵，朋友之间发生纠纷，小情侣闹矛盾，公司同事之间因为业务问题发生纠纷，生意伙伴之间产生矛盾，邻里纠纷，婆媳矛盾等，当事人都有可能找人给"评理"。

在调解矛盾时，如果沟通不得法，一不小心就会得罪双方，吃力不讨好，最典型的就是婆媳矛盾，丈夫夹在中间，很容易受"夹板气"，到最后猪八戒照镜子——两头不是人。因此，在调解矛盾时，策略和话术组织显得尤为重要。

## 获取信息

获取信息是调解矛盾的第一步，也是最重要的一步，有助于了解问题的本质、各方的立场和需求，为有效解决问题奠定基础。一旦获取的初始信息错误，那之后的所有努力就都是无源之水、无本之木。

▷ **倾听各方陈述**：与当事人进行面对面的对话，倾听他们对问题的描述和看法。让各方表达他们的感受、需求和期望，认真倾听并记录关键信息。

▷ **提问和澄清**：矛盾双方在陈述时，一般都会天然地偏向自己，只说对自己有利的信息，所谓"公说公有理，婆说婆有理"。这时，就需要我们向各方提出有针对性的问题，以便更好地理解问题的细节和背景。通过提问，可以澄清不清楚或模糊的信息，全面了解问题。

▷ **收集相关文件和证据**：分析和收集与纠纷相关的文件、记录和证据，进一步梳理事实。这些文件可以是合同、协议、通讯记录、报告或其他相关材料。

▷ **咨询第三方**：和与纠纷相关的其他人员或组织进行交流和沟通，了解他们的观点和立场。第三方的介入可以增加信息的客观性和可信度。

▷ **保持中立和客观**：在获取信息的过程中，必须保持中立和客观的态度，避免偏袒任何一方。

▷ **整合和分析信息**：收集完信息后，对信息进行整合和分析，理清问题的核心和关键因素，综合考虑各方的立场和需求，为制订有效的解决方案提供依据。

## 寻求共识

只有在矛盾双方保持理智的情况下，调解才有可能有效进行，因此要调整双方的情绪。

▷ **表达理解**：在调解过程中，分别对矛盾冲突的各方表达理解和同情。比如，可以说："你担心得对，谁都不能保证他接下来会做出什么事。""她的反应确实有点过激，你先不要生气，深呼吸，调整一下情绪。"

▷ **引导冷静思考**：提醒矛盾双方保持冷静，避免情绪化言行。比如，可以说："吵架解决不了问题，只会越来越上头，大家都不要冲动。""千万别动手，打赢了进牢房，打输了进医院，有什么意义呢？"

▷ **目的导向**：强调解决问题的重要性，引导双方围绕问题展开合作和讨论。比如，可以说："我们的最终目的是要解决问题，大家吵来吵去没有结果的嘛。"

## 组织话术

话术组织也是很重要的一步。

▷ **分析问题**：分析问题的本质与核心。采取积极的引导方式，引导双方关注问题的根本。比如，可以说："咱们一起仔细分析一下问题的根源在哪，找出造成矛盾的具体原因。""你看，这个问题的关键点是不是在这里。"

▷ **设身处地**：鼓励双方设身处地地理解对方的立场和感受，培养共情能力，以减少对立和冲突，增进彼此的理解和包容。例如，可以说:"请大家试着换位思考,设身处地地理解对方的立场和感受。""你要是他,是不是也会这么想?说不定比这还生气呢。"

▷ **寻求共识**:帮助双方寻求共同的利益和立场,促进共识的达成,强调双方的共同目标和利益。例如,可以说:"你看,都是为了公司好,没有必要吵来吵去对不对""闹了半天,你们的目标都是一样的"。

## 疏不间亲

在面对调解矛盾的场景时,有些事情千万不要轻易插手,能离多远就离多远,比如家庭矛盾、夫妻矛盾、情侣矛盾等。中国有句老话,叫"清官难断家务事"。在家庭矛盾或私人关系纠纷中,作为局外人,我们应保持适当的距离和尊重。干涉别人的家务事,很有可能会导致更多的误解或恶化局面,因为这类关系十分错综复杂,根本不是一两句话能讲清楚的。

前段时间看了一个新闻,让我印象十分深刻。大概内容是,一个80多岁的老人躺在医院的病床上无人照顾,拍摄者问他是不是没有儿女,老人颤颤巍巍地说,自己有5个儿女,没有一个愿意来照顾他,拍摄者感叹"久病床前无孝子",围观群众纷纷义愤填膺。可没过几天,事情就出现了反转。原来,这位老人年轻时赌博成性,根本就没有尽到抚养义务。

很多事情都不是表面看上去那么简单,涉及家庭纠纷时更是如此。情侣矛盾、夫妻矛盾也是一样的道理。

另外，中国人讲究"疏不间亲"，也就是关系疏远的人不离间关系亲近的人。

清代雍正年间，年羹尧以抚远大将军的身份平定罗卜藏丹津之乱，将青海地区完全纳入清朝版图，被封为一等公，权倾朝野。他自认为给雍正皇帝立了"大功"，十分嚣张跋扈，甚至开始干预选官用人的大事，安排自己的亲信做封疆大吏，被当时的人称为"年选"。雍正对他这种行为十分反感，多次"敲打"，年羹尧都置若罔闻。

一次，他带人到怡亲王府拜会，对自己的亲信说："怡亲王府邸外观宏敞，而内草率不堪。矫情违意，其志可见。"怡亲王是康熙十三子，对雍正登基助力很大，再加上有血缘关系，哪里是他年羹尧能比的？不久后，这件事传到了雍正耳中，更坚定了他除掉年羹尧的决心。这就是典型的以疏间亲。不久之后，年羹尧就被削夺一切官爵，押解进京，被赐自尽，终年47岁。

生活中也有很多类似的场景。例如，闺蜜跟丈夫吵架，找你诉苦，你把人家丈夫大骂一通，第二天人家和好了，闺蜜告诉自己丈夫，你如何如何痛骂人家，你们以后见面该有多尴尬可想而知。

再比如，妻子"吐槽"家人不好，丈夫跟着一起"吐槽"，以为跟着人家一起骂没事，没想到没过多久，就迎来了"清算"。再比如，新员工在公司里跟着其他老员工一起吐槽老板，没想到人家是老板的心腹，最后自己被"穿小鞋"都还蒙在鼓里。

总之，有类似这样的矛盾时，一定要把握"疏不间亲"的原则，能躲开就躲开，能不参与就不参与，能听就坚决不说，如果对方一定让你说，也要以"打哈哈"为主。如果对方还是不依不饶，就说好话，不要说坏话。比如，可以说："我感觉他对你挺好的。""都是一家人，何必生这么大的气呢。"

## 职场矛盾

在调解职场矛盾时，要把握两个原则，第一是要维护管理者的权威。

公司中，当管理人员和普通员工因为业务上的问题，在公开场合产生冲突时，第一时间，无论对错都要公开支持管理人员，这样做有三个好处：

▷ **维护权威和管理效果**：公开支持管理人员，不仅可以表明对其权威的认可和支持，还能强调团队内部的层级和管理结构，只有这样做，之后的工作才能顺利开展。

▷ **示范团队团结**：公开支持管理人员可向员工展示领导层的统一立场和决策，传递出团队团结一致的信号，有助于凝聚团队力量。

▷ **促进业务顺利进行**：公开支持管理人员可以在第一时间缓解紧张氛围，降低冲突的扩大化趋势，保障业务的顺利开展，维护工作效率和团队稳定。

在支持完管理人员之后，再分别对双方进行安抚，调解双方的紧张关系，达成谅解。

第二个原则，同级员工之间发生冲突，要保持中立与客观，以结果作为标准，不偏袒任何一方，必要时"各打五十大板"，分别处罚。

总之，无论是家庭内部的矛盾，还是工作中的纠纷，我们都可以运用这些原则和技巧，有效地化解矛盾。希望我们每个人都能在处理人际关系和矛盾时，以开放的心态和理性的方式，促进良好关系的达成。

## 深层逻辑

◇ 化解纠纷，全面收集信息是基础。

◇ 保持中立与客观是关键。

◇ 引导双方换位思考。

◇ 以结果为导向，引导双方达成共识。

◇ 牢记"疏不间亲"。

◇ 维护管理者权威。

> **这样调解矛盾，成为大家眼中的"和事佬"。**
>
> 对方说：你不知道，我真是烦死我男朋友了，我这次一定要跟他分手。

## 🙂 一般回答

怎么了？

出什么事了？

你们两个又吵架了？

## ☹ 低情商回答

我就知道他是个渣男，赶紧分。

这种人不分手留着过年吗？

我第一次见他就知道不是什么好东西。

## 😊 高情商回答

感情是主观的事，你自己考虑清楚。

别生气，跟我说说怎么回事。

先消消气，感情的事我不好出主意，但不管你做什么决定，我都无条件支持你！

## 中途插话是一门艺术

插花是一门艺术，插话更是一门艺术。没有人喜欢在说话时被人打断，就像没有花朵喜欢被剪断一样。在插花艺术中，最重要的是学会安排花的顺序和比例，只有精心安排和布局，才能达到赏心悦目的效果。插话也是一样，只有掌握了足够的技巧和策略，才能不招人反感，达成沟通的目的。

**什么时候可以选择插话呢？大概有以下几种情况：**

在交流过程中，你发现对方对主题或者对你本人有误解，这种情况下如果不插话，后面的交流都会失去讨论的意义。

在插话的过程中，保持冷静和理性，避免过于情绪化或指责性的表达方式。重要的是要以解决误解和促进理解为目的，以建设性的方式进行交流和沟通。

可以礼貌性地澄清误会，比如可以说："对不起，我觉得您可能有一点误解，我可以解释一下吗？"比如说："我想澄清一下，其实我是这个意思。"在澄清时，要指出问题的具体内容，千万不要陷入负面情绪中，把交流变成争吵。可以说："我觉得您可能有点误会，我想再解释一下我的观点，希望让您能更清楚。"也可以说：

"可能我没有表达清楚，我是想说……"在澄清之后，要确保对方有效接收到了你的信息。可以说："我想确认一下，你是不是理解成……"也可以说："我不知道自己解释清楚了没有。"

**在交流过程中，你有更紧急、更重要的事情要说。**

这种情况下，可以等待对方完成一个句子或段落，然后礼貌地插话。例如，可以说："抱歉，我有一个紧急的事情需要提醒大家。"在插话时，使用礼貌和尊重的语气，表达出你的紧迫性和重要性。例如，可以说："对不起，我很抱歉打断你，但我有一个非常重要的事情要提醒大家。"尽量保持插话内容简洁明了，直接表达你的主要信息。避免过多废话或绕圈子。例如，可以说："我需要提醒大家今天下午的会议时间变动了，改到下午3点钟。"在插话时，请求对方理解和支持你的信息传达。例如，可以这么说："请大家务必准时参加会议。"

**你希望得到更加详细的信息或更全面地了解情况。**

当对方谈论的事情和你有关，你需要知道更多信息时，可以采用综述式插话的方式。比如，可以说："所以，你的意思是说……"又比如这样说："我不知道自己理解得对不对，你说的应该是……"这种插话方式，能够确保双方对话的准确性和清晰性，避免因为理解上的错误而产生混淆或误会。同时，也可以向对方展示你在倾听他们说话内容时的积极性和认真程度，促进对话的有效进行，让对方知道你在意他们的观点和感受，并愿意与其进行深入的交流和沟通。

或者，也可以使用直接询问的方法，比如可以说："除了这个方面，还有什么其他方法或信息是我需要了解的吗？"或者这样说："除了这些，还有什么是需要我处理的？"这样能够表明你对话题的重视，并且鼓励对方分享更多相关信息，进行更加深入的交流。

与之类似的，还有请教明确问题，以请教的方式直接向对方提出具体的问题，以便获取需要的信息。例如，可以说："你能详细解释一下这个过程中的关键步骤是什么吗？"或者这样说："你能给我举个例子来说明吗？我还是有点不理解。"

向对方提出开放性的问题，鼓励其自由表达和提供更多细节。例如，可以说，"你能告诉我更多关于这个情况的背景吗"或者，这样说："你对这个问题有什么看法"。

也可以分享自己的想法并邀请反馈，即在分享你的看法或理解之后，邀请对方提供反馈或补充信息。例如，可以说："我觉得可能是这样，你怎么看？"或者这样说："我之前遇到过类似的情况，你觉得这种做法适合吗？"

**你想要加入谈话，发表自己的看法和观点。**

这种情况下，一定要等待对方说话结束或出现停顿，然后礼貌地插话。避免在对方正在发言高潮或关键时刻打断，这样只会引起反感。

插话的方式，可以是补充信息。在插话前，可以简单地总结对方的观点或意见,表达你的理解和尊重。这样的做法能够保持对话的连贯性和尊重性,让交流更加顺畅有效。例如,可以说:"我完全理解你的观点,不过我有一些信息想要补充一下……""谢谢你分享你的想法,我想补充一点内容……""你提到的观点很有趣,我想补充一些相关的事实……"

或者也可以是对相关问题的讨论。这种情况,一定要尊重对方的观点,确保表达方式礼貌和友好,不要使用侮辱性语言或表现出盛气凌人的姿态,更不要过度辩论或争论,试图强行说服对方,而是要尝试理解和接纳不同的意见。比如,可以说,"我很赞同你的观点,不过我认为还可以换一种方式来看待这个问题""你提到的观点很有趣,我之前也思考过类似的问题,不过我有一些不同的想法,可以分享一下吗"。

**回应式插话**

在谈论过程中,对方担心你对他所说的事情不感兴趣,显出迟疑、犹豫的表情时,这时就可以适时插话,让对方继续讲下去。例如,可以说:"你刚才说的好有意思,后来怎么样了?""你刚才说的是真的吗?真是太好笑了。"

你非常同意对方的观点时,也可以在对方说完观点之后进行附和,告诉对方你们是一个阵营的。比如,当对方跟你讨论电影、书籍、电视节目或某个明星时,你可以告诉他:"你也喜欢《百年孤独》吗?我也超级喜欢,就是有些地方看不懂。""对对对,这部电影确实好看,尤其是男女主的演技，简直不能再好了。"当对方聊起个人经历和某些感受时，也别忘了及时给予反馈，表示自己很懂这种感受。

另一种情况是安慰式插话。当对方在对话过程中表现出心烦、愤怒等负面情绪时，可以及时插话进行安慰和疏导。这个时候，我们插话的方式主要以引导对方发泄情绪为主，千万不要说"不要生气""不要哭"之类的话。因为这种方式可能被对方感受为无视或压抑情绪的表达。当我们试图安慰对方时，更有效的方式是通过理解和支持来表达关心，倾听对方的感受，表达理解和同情，并鼓励对方自由地表达情绪。这样的插话方式可以更好地帮助对方释放情绪，缓解压力，而不是让对方感到被无视或被要求控制情绪。可以这样说："哭吧，哭出来就好了。""没关系，如果感觉难过了，尽管哭出来吧，我在这里陪着你。""我听着呢，你继续说。"

说话时可以配合适当的肢体动作，如轻拍对方的肩膀或手臂，示意支持和鼓励；用手轻轻搭在对方的背后，表示同情和支持；保持微笑和温和的面部表情，传递友好和安心的信号；保持舒适的距离，不要过于靠近或侵入对方的个人空间；保持轻松的姿势，不要显得过于紧张或僵硬，让对方感受到舒适和放松。

总之，在日常交流中，插话是一项重要的沟通技巧，它能够有效促进理解、避免误解，增进人际关系。只要策略使用得当，注意礼貌用语，插话不仅不会引起反感和误会，还会增加交流的效率和互动的质量。在日常生活和工作中，掌握好插话的艺术，有助于我们更好地与他人交流、合作和理解，进而建立更加和谐积极的人际关系。

祝愿每一个人都能够成为"插话大师"。

**深层逻辑**

◇ 插话是为了解决问题，而不是辩论。

◇ 插话时，要等待对方说话的停顿处。

◇ 礼貌用语是关键，尽量采用询问的语气。

◇ 在插话之前，先肯定对方的观点，不要否定对方。

◇ 回应式插话，让沟通的质量更高。

> **这样插话，不会引人反感。**
> 对方正在说话时，你需要表达自己的观点。

☺ **一般说法**

不好意思，打断一下。

我能说两句吗？

☹ **低情商说法**

你说得真是乱七八糟……

都把嘴闭上，听我说。

你说得不对,应该是……

### ☺ 高情商说法

不好意思,我想补充一点内容,可以吗?

说得太好了,我可以从另外一个角度补充一点内容吗?

# Part 4

**两性情感沟通，语言让感情升温**

# 相亲时该如何交谈

## 婚姻的底层逻辑

根据我多年的观察,相亲的大概有三类人。一类人特别排斥,他们认为相亲就像买卖一样:一方展示自己的荷包、产权证明、赚钱能力和家庭情况;另一方展示自己的容貌和身材,双方坐在一起讨价还价。当然,也有双方共同展示"硬实力"的情况。这部分人认为,相亲这种形式,违反自由恋爱原则,都是实在找不到对象的人才会去相亲,所以大多数情况下,都是为了应付家人催婚才去的,相亲对象也是亲戚朋友安排介绍的。因为打心底就抵触这种形式,所以多半就是走个过场,往往说两句就聊不下去了。

第二类人对相亲这种形式没有特别的抵触,只把它作为一种认识异性的途径。这类人在相亲的过程中往往更加积极主动,心态也更加开放。相亲时,都是抱着聊得来就聊,聊不来就拉倒的态度。

第三类人是迫切结婚型。有的可能是家人催婚,有的可能是有生育焦虑,不想做"大龄产妇",有的则是自己想要成家,还有一部分人虽然已经成年,但自己没有经济能力,完全由家人安排。这类人相亲经验十分丰富,效率很高,来相亲就是奔着结婚去的,目的性极强。他们往往会开门见山,先交流财产情况,再交流工作情况、家庭情况,考察对方的性格,最后做出综合判断,只要能将就过日子,就可以接受。

如果只是把相亲作为认识异性的一种途径，相亲其实和自由恋爱没有太大的差别。但如果是以结婚为目的，这种相亲其实更类似于开办一家新的"合资公司"：由双方或双方的父母投资资金，一般是以彩礼和陪嫁的形式；提供"营业场所"，就是房子；由夫妻双方负责"经营"，让"公司"保持稳定运营；当然，在必要的时候还要"扩大经营"，养育后代。在经营过程中，他们需要相互了解、信任和支持，共同承担风险和责任，共同追求幸福。

事实上，从更深一层来说，婚姻从诞生之日起，就更偏向于经济组织。相比较其他哺乳动物，人类幼崽的成长周期更为漫长和复杂。例如，马、牛和羊等动物的幼崽通常在出生后几个月内就可以自主行动和寻找食物。相比之下，人类幼崽的成长需要更长的时间。婴儿出生后通常需要几个月时间才能坐起来，一年左右才能开始行走。此外，婴儿在心智和社交发展方面也需要更多的时间和资源。

这种差异影响了人类社会中的家庭结构和婚姻制度的形成。在养育胎儿的过程中，女性无法外出劳动，更无法获取生存资源，于是，就需要一个固定伴侣来提供食物和资源，以确保自己和后代的生存，婚姻制度也就应运而生了。

然而，进入现代社会之后，随着生产方式的变化，婚姻制度也发生了许多变化和调整。工业化和信息化的进程使得家庭角色和经济分工发生了转变，婚姻不再仅仅是经济上的合作关系，而更多地强调伴侣之间的感情和共同理想。现代社会中，婚姻更加强调伴侣之间的平等和尊重，倡导共同承担家庭责任，共同照顾子女。随着社会观念的变化，人们对婚姻的期待也在不断演变，更加注重个体的幸福感和情感满足。换句话说，与农业时代（离开土地就无法生存）或更早的时代不同，现代女性完全可以脱离家庭，这也是离婚率升高的关键原因。

另外，人类向往自由，渴望新鲜感，而婚姻中的两个人如果被鸡毛蒜皮的琐事"折磨"，就会在柴米油盐酱醋茶中一步步走向"那个温和的良夜"。这就是为什么钱钟书说"婚姻是一座围城，城外的人想进去，城里的人想出来"。

我们之所以对婚姻进行追根溯源，最主要的目的，就是为了说明一个问题：在婚姻关系中，到底什么才是最重要的。下面我们将进一步去了解，在相亲过程中，应该重点去考察和掌握哪些关键信息。

**相亲的地点选择**

相亲时，选择地点是最关键，也是最基础的一步。如果介绍人是亲戚朋友的话，一般会把双方约到自己家里，提供一个单独的房间让两人交谈，避免尴尬。如果是两人商量的话，最好先询问对方的意见，问问有没有什么想去的地方，想吃的东西等。对方如果没有意见，再自己进行选择。

在选地点时要注意，第一是不要离女孩家太远，方便她出行。第二是时间要宽裕一点，因为女孩出门需要的时间相对较长。第三是注意隐私性，毕竟要聊的是私密话题。环境最好安静一些，如果在餐厅，尽量选择有包厢或者隔断的。如果在咖啡馆，也尽量选择大一些的，避开客流高峰期。比如你选择人潮涌动的大排档，划拳声、吆喝声声声入耳，根本就听不清楚对方在说什么，也毫无隐私可言。

在选择完见面地点之后，还要有转场地点。如果两个人聊得不错，可以约到下一个地方继续深入接触，如风景好一点的公园或者景点、射箭场、保龄球馆、商场、电影院等。需要注意的是，第一次见面千万不要选择爬山、长途走路等剧烈运动，因为女方很有可能是穿着高跟鞋来的。

见面之后，男方要主动介绍自己，帮女生开门，拉椅子，准备餐具，让对方点餐等，这些都是基本的礼貌问题，能够给对方一个良好的第一印象。

## 物质基础

我个人以为，物质是婚姻幸福的基础，物质基础对婚姻来说很重要。我高中时有个女同学，长得很漂亮，追求的男生也很多。从高二起，她就跟男友在一起了，由于家人的反对，两人在高三时竟然选择私奔了，从此之后就再也没有消息了。多年之后，我在同学聚会上又碰到了他们，已经结婚了，还生了两个孩子。丈夫平时在工厂上班，妻子在家全职照顾孩子，没办法工作，双方家庭条件也一般，帮不上什么忙，日子过得紧巴巴的，比同龄人看起来大很多。我觉得这样的生活是物质基础不够牢固导致的。

有人可能会说，这只是个例，确实是。我也认识很多家庭条件不好的，靠自己努力"逆袭"的人。但当个例这样的概率事件落到你身上时，那就是百分之百的生活，你愿意用自己的生活去赌这样的小概率事件吗？

所以，既然相亲就是奔着结婚去的，那就必须先了解清楚对方的经济实力和家庭情况。在了解时，最好不要直接问，这样会给对方留下不好的印象。最好主动出击，先介绍自己的情况，一般包括工作情况、收入、房产、车辆等，家庭情况包括父母的工作及收入、家中有没有兄弟姐妹等。你介绍完之后，对方自然也会介绍自己的情况。

## 忠诚与责任感

我经常能看到这样的讨论：某某老婆（老公）那么漂亮（帅），为什么还会出轨，真是想不通。这里面的道理其实很简单，就是当事人缺乏对家庭的责任感，对夫妻关系里的另一方不够忠诚与尊重。所以，想要维持一段稳定的婚姻，忠诚与责任感是必须考察的内容。

虽然"知人知面不知心"，但通过对方在无意中流露出来的某些特点，我们可以对他/她的特质进行初步判断。首先，观察表情和肢体特征。

▷ **直视眼神**：真诚的人通常会直视对方的眼睛，表现出坦诚和诚实的态度。他们会给人一种专注和真诚的感觉，而不是躲闪或回避眼神接触。

▷ **微笑自然**：真诚的人在交流中会展现自然而真诚的微笑。这种微笑是自发的，不是刻意或敷衍的。

▷ **面部表情和谐**：真诚的人通常面部表情和谐自然，表现出与言语一致的情感状态。他们的面部表情会与交流内容相匹配，不会显得做作或虚伪。

▷ **眼神动作流畅**：真诚的人在眼神交流中表现出流畅和自然，眼睛的移动和注视都具有连贯性和舒适感。他们的眼神会跟随交流的重点而移动，不会显得模糊或不集中。

▷ **身体语言开放**：真诚的人通常会展现开放和放松的身体语言，如自然的姿势、舒展的肢体动作，表现出愿意与对方建立联系和交流的态度。

▷ **注意力集中**：真诚的人会表现出对对话内容的关注和理解，通过眼神和面部表情体现出对对方话语的认真和重视，展现出真实的兴趣和参与度。

其次，可以有意识地问一些与忠诚、责任感有关的话题。比如询问对方的恋爱经历，时刻关注对方的面部表情和眼神变化，看对方是否有说谎的迹象；再比如，询问对方如何看待某位名人出轨，某人离婚等问题；问对方与父母的关系怎么样；问对方感情中什么才是最重要的等。这些问题可以帮助我们更全面地了解对方的忠诚度和责任感，以及其对于婚姻和感情关系的态度。

## 价值观和人生目标

没有共同的目标，一段婚姻是很难维持下去的。共同的目标能够增强夫妻之间的联系和归属感，让双方更加紧密地协作和互助。有共同的目标可以帮助夫妻共同成长，相互激励和支持，一起面对生活中的挑战和困难。

在相亲过程中，可以问对方关于未来规划和理想的问题，了解对于家庭、事业、生活方式等方面的期待和规划。探讨对于孩子教育、生活方式、财务规划等方面的看法，看对方是否能够与自己的期待和价值观相契合。讨论个人的兴趣爱好和职业发展，看对方是否存在共同的领域和价值观，以及是否能够共同努力实现共同的目标。

如果发现没有共同目标，也可以提出自己的期待和愿景，同时倾听对方的想法和意见，共同协商和制定未来的规划和目标。

## 沟通和解决问题的方式

爱情是混乱复杂的，它需要你感知所有情绪，不仅仅包括幸福快乐，还有恐惧、失望、愤怒、悲伤……吵架是婚姻生活中常常面对的问题，对大多数人来说，它是必然会发生的。

▷ **沟通差异**：夫妻双方可能在沟通方式和习惯上存在差异，导致误解和冲突。有时候言辞可能无法准确表达内心的感受，进而引发吵架。

▷ **情绪宣泄**：婚姻生活中的压力、疲惫和情绪波动会影响双方的情绪稳定，有时大家会因为情绪爆发而引发吵架。

▷ **个性差异**：夫妻双方可能在性格方面存在差异，比如一个人更倾向于冲突解决，而另一个人更倾向于回避或沉默。这种差异可能导致冲突和争吵。

▷ **期望差异**：夫妻双方对婚姻和生活的期望可能不同，当期望落差较大时，可能引发不满和不安，进而导致吵架。

▷ **生活压力**：日常生活中的压力和挑战，如工作、家庭责任、经济压力等，会增加夫妻之间的紧张和摩擦，引发吵架。

有人说吵架是"润滑剂"，也有人说是"毒药"，这里面的根本区别，在于如何理解吵架，如何吵架，如何恢复关系。吵架其实就是双方有矛盾，已经无法正常交流和沟通，却又想解决问题而不得不采取的一种方式。

有人把吵架仅仅当作发泄情绪的一种途径，把获取胜利作为最终目的，以"理不辩不明"为指导原则，誓要把对方说得哑口无言，低头服软。说话怎么难听怎么来，"回忆杀"、揭短、"戳脊梁骨"等都是常用手段。这样的吵架无疑就是"毒药"，除了发泄情绪，解决不了任何问题。只要问题还在，下次就一定还会争吵。每一次吵架，都是对感情的严重消耗，久而久之，婚姻自然就维持不下去了。

另外一些人则更加理性，始终围绕主题展开，聚焦在解决具体问题上，而非攻击对方的个人品质或过去行为。等待对方情绪稳定之后，再做下一步讨论。这样的吵架，反而是婚姻的"润滑剂"。

很多婚姻之所以进行不下去，就是因为"毒药"型吵架太多。所以，在相亲时，沟通和解决问题的方法也是需要重点关注的内容，可以通过以下几种方式进行观察。

▷ **询问对方处理冲突的经验**：询问对方在过去的恋爱关系或生活中是如何处理冲突和矛盾的。询问对方是否有过不愉快的经历，以及是如何应对和解决的。

▷ **观察言行举止**：在相亲过程中，留意对方的言行举止和态度。看看对方是否愿意听取你的意见，表现得是否有礼貌和尊重他人，以及是否愿意就问题进行理性讨论。

▷ **倾听能力**：观察对方是否善于倾听和理解他人的观点和感受。一个人共情能力强，才有可能站在对方的角度考虑问题，解决问题。

▷ **面对困难的态度**：可以探讨对方在面对困难和挑战时的态度和表现。看看对方如何应对生活中的挑战，是否有解决问题的有效方法。

总之，相亲一定要慎之又慎，既要真诚，也要有策略、讲方法，必须对一个人进行全方位、无死角地考察，之后才能确定对方适不适合一起组建家庭。

**深层逻辑**

◇ 相亲就是以结婚为目的的交往形式，讲求效率。

◇ 物质是婚姻的基础，不可忽视。

◇ 忠诚与责任是维持婚姻的关键。

◇ 解决问题的方法是处理矛盾的基石。

◇ 不要觉得不好意思，放开去谈。

---

**这样开场，给对方留下良好的第一印象。**

对方说：你好，我是王姨介绍的，你看起来和照片上不太一样。

分析：对方觉得你是"照骗"。

---

🙂 **一般说法**

照片修过。

今天状态不太好。

☹ **低情商说法**

你也差不多，还好意思说我。

能谈谈，不能谈拉倒。

怎么，没看上呗？

☺ **高情商说法**

（笑）是吗？确实是修过了，所以我来了呀，让你看一下真实的样子。

是啊，照片有时候确实难以捕捉到真实的感觉。你觉得我看起来和照片上有什么不同呢？

谢谢你的反馈，你还真是火眼金睛。

## 这样说话，才能让心仪的人一直和你聊天

**如何避免"尬聊"**

我们先来看一段对话。

男："吃饭了吗？"

女："吃了。"

男："吃的什么？"

女："面条。"

男："什么面，好吃吗？"

女："还行吧，凑合能吃饱。"

男："我也喜欢吃面，有时间一起吃。"

女："我不是很喜欢，就是凑合对付一口。"

男："不可能，没有人不喜欢吃面，你一定是没吃过那家的，我带你去吃一次，你一定会喜欢上的。"

女："还是算了吧。"

男（撩头发）："我这么帅，女生可是都抢着想要跟我出去的。"

女："那你找其他女生去吧。"

是不是很"尬"？其实，这种对话场景并非虚构，很多男性在对话过程中都会出现这样的问题。这段对话中，这位男生犯了三个错误。

首先，问题的焦点一直在"吃面"上，很明显女生对这个问题没有任何兴趣，这是不会寻找话题；其次，以自我为中心，自己喜欢吃面，就认为所有人都应该喜欢吃面，还很冒昧地邀请对方，丝毫不顾及别人的感受；最后，自信过头，以开玩笑的口吻说自己"很帅"，其实在对方看来十分"油腻"。

再来看下面这段对话：

男："刚才离老远看见你了，没敢认，看起来最近伙食有点好呀。"

女："你是说我胖了呗？"

男："这不叫胖，叫丰满，我就喜欢这样的。"

女："最近怎么样？"

男："挺好的，但是肯定没你好，看身材就知道了。女人还是要注意身材的，不然怎么嫁人呀。"（笑）

女："暂时没考虑结婚。"

男："不是没考虑，是没碰到我这样的吧。要不我将就一下？

咱们搭伙过日子也不是不行。"

女:"还是算了吧。"

男:"等一下,我接个电话,你不要说话……喂,嗯……嗯……嗯……对,差一千万是吧,我一会儿就补上……不用谢,都是哥儿们。好,那就这样。"

女:"现在赚大钱了呀。"

男:"什么大钱,都是小意思,怎么样,想不想跟着哥混?"

这段对话中的男性就是网友口中典型的油腻男。首先是对别人品头论足,用戏谑、开玩笑的口吻评价对方的身材;其次是随意指点、干涉他人的生活,认为自己就是绝对正确的"救世主",至于对方是否结婚,跟他一点关系也没有,自己打电话,用极不礼貌的语气要求对方"不要说话";最后是喜欢炫耀,过于浮夸。这些都是与异性对话时的大忌。

我们来总结一下在与异性对话时常见的不合适行为,以及如何避免出现类似的情况。

◇ **以自我为中心**:他们的对话都围绕着自己的兴趣、看法和想法展开,而没有真正关心对方的感受或兴趣。这使得对话缺乏共鸣和互动,显得单方面不愉快。

我们已经说过,表达欲是人的本能。想象一下,当你看到一则非常有趣的段子时,第一时间有没有想要分享给朋友?类似的场景还有很多，在社交媒体上看到一条有趣的视频或图片，想要转发给朋友或关注者；听到一首好听的歌曲或看到一部精彩的电影，想要推荐给身边的朋友或同事；在旅行中发现了一家美食店或者特色景点，想要告诉身边的人或者分享在社交平台上。这些都是表达欲的体现。

所以，在交谈过程中，想要让对方感兴趣，不需要你去拼命展示自己的优点和幽默感，而是要反其道而行之，做好一个倾听者，引导对方的表达欲，让对方感受到被重视，想要主动和你聊天，找你倾诉。比如，针对对方的兴趣和爱好进行提问，可以问"有没有某位导演或演员是你特别喜欢的"，或者这样说"真的吗？我也喜欢某某作家写的书"。接下来，要表现出对对方话题的真诚兴趣和关注。用肢体语言、面部表情和积极的回应来表达你在听对方说话时的专注和理解。当对方感受到你的真诚和关注时，会更愿意分享更多信息。当对方表达观点或经历时，给予积极的肯定和赞扬。这会鼓励对方继续分享，增加表达欲望。例如，可以说："你的想法很有见地！"或者这样说："你真是太厉害了！"

只要始终以对方的关注点展开话题，对话就能持续下去。这里面的道理，就是为对方提供了充足的情绪价值。

◇ **不尊重对方**：他们的言语中充满对对方的评头论足、戏谑和不恰当的干涉，这表现出对对方的不尊重和不礼貌，容易让对方感到不舒服和反感。在对话中缺乏对对方情绪和感受的敏感性，用轻率的言辞伤害对方或使对方感到尴尬。这种行为会破坏良好的沟通氛围，导致对话的失败和不愉快。

**以下几个方面都是常见的"雷区"：**

▷ **外貌评价：** 不要随意评论对方的外貌，尤其是在第一次见面或不熟悉的情况下。避免使用像是"你看起来有点胖"或"你的发型怪怪的"之类的言辞，这只会让对方感到不自在。

▷ **敏感话题：** 开玩笑开敏感话题。

▷ **个人隐私：** 不要随意打听或评论对方的个人隐私，如家庭背景、财务状况、感情经历等。尊重对方的隐私是建立信任的重要基础。

▷ **负面评价：** 避免对对方进行负面评价或挖苦调侃，如批评对方的穿着、口音、语言表达等。这样的行为会伤害对方的自尊心。

▷ **幽默度量：** 谨慎使用幽默，确保玩笑不会让对方感到尴尬或冷场。理解对方的幽默感和接受度，避免使用过于冒犯或引人误解的玩笑。有很多人喜欢开玩笑，认为这是幽默的表现。殊不知，不合时宜的玩笑不仅不好笑，而且会令人十分反感。

▷ **自以为是：** 两人在对话中都表现出对自己看法的绝对自信，认为自己的观点是正确的，并试图强行说服对方接受自己的看法。这种态度会显得傲慢和自负，容易引起他人的反感。

公牛为什么顶角？公孔雀为什么开屏？公猩猩为什么决斗？这

些行为的背后通常与动物的生存和繁衍策略有关。公牛顶角是为了在领地或配偶竞争中展示自己的力量和优势。公孔雀开屏是为了展示其生殖健康和基因优势，对雌孔雀具有吸引力，有助于提高繁殖成功率。公猩猩之间的决斗是为了竞争领地、资源或配偶。猩猩社会中存在着复杂的社会结构和等级制度，公猩猩通过决斗来确定自己在社会中的地位和权力，并确保自己的后代能够获得最佳的生存条件。

从这个角度来说，男性其实与这些雄性动物类似，也需要展示自己的力量和能够调动的资源，表现出绝对的自信，以获得异性的青睐。可以说，这是一种本能，在漫长的人类进化过程中发展而来，起源于对生存和繁衍的基本需求。

然而，并不是所有本能都有利于生存，自信固然重要，但一旦过头，就会给人带来负面印象，以傲慢、自负的形式展现出来，成为人际交往中的"绊脚石"。因此，在与人对话，尤其是与心仪的异性对话时，一定要刻意去压制这种自负和傲慢，不要夸夸其谈，也不要过度炫耀自己的成就或优势。在对方指出问题时，要虚心听取对方的意见，表现出乐于学习和改进的态度。

你有没有发现？我们说了这么多，大多是技术层面的策略。其实，人与人沟通非常简单，就是尊重、理解、谦逊、真诚，只有这样，才能维持良好的关系。

下面为大家总结了一套聊天时的万能话术。

## Part4 两性情感沟通，语言让感情升温

好用的聊天话题：

称赞对方

兴趣爱好

童年经历

未来想做的事

讨厌的事和人

最想去的地方

宠物、电影、美食和星座

实用话术：

把"谢谢"改成"谢谢你"。

把"随便"改成"听你的"。

把"我很烦"改成"我需要冷静一下"。

把"但是"改成"而且"。

把"帮我一下"改成"能麻烦一下你吗"。

把"行了吧"改成"你觉得可以吗"。

把"你懂什么"改成"你很有想法"。

把"你听明白了吗"改成"我讲明白了吗"。

把"我知道了"改成"谢谢你的提醒"。

把"饿吗"改成"我带你去吃饭"。

把"累吗"改成"要不要休息一下"。

把"你有点笨"改成"你这人真实在"。

把"无所谓"改成"我可以的"。

把"还行"改成"挺不错的"。

## 深层逻辑

◇ 以对方的兴趣为切入点。

◇ 少讲话，多倾听。

◇ 尊重对方，不要评头论足，不要乱开玩笑。

◇ 不要干涉对方的习惯与生活。

◇ 避免以个人为中心。

## 这样与异性聊天，成功率提升十倍。

对方说：我只想和你做朋友。

分析：对方对你没兴趣。

## Part4 两性情感沟通，语言让感情升温

### 😐 一般说法

好吧，我知道了。

### ☹ 低情商说法

不愿意就直说。

谁要跟你做朋友？

你朋友是不是挺多的？

### 🙂 高情商说法

那我希望我们可以成为好朋友。

我听说人在交朋友时，都会选择和自己投缘的人。

当然，相信我们可以成为很好的朋友。

# 幽默的灵魂更有趣

## "智圣"东方朔

汉代有个叫东方朔的儒生,13岁开始读书,3年遍览诸子百家,15岁学习剑法,19岁开始学习兵法,文武双全。汉武帝即位后,想要大展拳脚,干出一番事业,于是下诏从民间征集人才,各地文人纷纷上书举荐。东方朔也写了一篇,说自己"目若悬珠,齿若编贝,勇若孟贲,捷若庆忌,廉若鲍叔,信若尾生",想要成为大臣。不过,由于举荐的人实在太多,汉武帝光是看就看了两个月,东方朔这样的奇才也就被埋没了,只当了公车令,大概相当于"弼马温"。

东方朔很不服气,但是又得不到皇帝的召见,于是想方设法寻找机会。一天,他看到几个养马的侏儒正在喂马,就走过去对他们说:"我说你们几个,天生这么矮小,既不能种地又不能打仗,白白浪费粮食。皇上说了,要把你们通通杀掉。"几个侏儒吓了一跳,连滚带爬地跑到武帝面前求情,把东方朔的话讲了一遍。

汉武帝听后一脸茫然地说:"我什么时候说过这样的话?我自己都不知道。"于是,他立刻召见东方朔,问他怎么回事。东方朔不慌不忙地答道:"我也是没办法呀。几个侏儒身高三尺,我身高九尺，却跟他们领一样的俸禄，总不能把他们撑死，把我饿死吧？陛下如果没打算用我，就让我回去吧，不要浪费京城的粮食。"武帝被他逗得哈哈大笑，就让他在金马门待诏，方便接见。

一般来说，皇帝的身边有三种人，一种是溜须拍马讲笑话的，负责解闷，提供情绪价值；一种是干实事的，负责处理政务，管理国家，充当"白手套"；还有一种是酷吏，负责干一些见不得人的勾当，充当"黑手套"的角色。东方朔就属于讲笑话的，而且能力极强，连班固都说他："东方赡辞，诙谐倡优。"可见，幽默不仅是一种沟通方式，还是一项生存技能。

为什么大家都喜欢幽默的人呢？因为人天生就不喜欢压力，而快乐是缓解压力最快、最有效的途径，这正是幽默对于人最大的价值。和幽默的人相处，大脑会释放多巴胺和内啡肽等神经递质，这些化学物质有助于提升情绪状态，带来愉悦感和放松感。雪莱就说过："笑实在是仁爱的象征，快乐的源泉，亲近别人的媒介。有了笑，人类的感情就沟通了。"

## 幽默是生活的解药

如果说笑是生活的解药，那一个懂幽默的人，就是能够源源不断生产"解药"的"制药厂"，谁不愿意和这样的人交往呢？古今中外那些具有人格魅力的人，无一不懂得利用幽默武装自己，林肯就深知其中的道理。

有一次，他步行到城里去，可距离实在太远。这时，一辆车从后面驶来，林肯招手拦住他说："能不能帮我带一件东西到城里去？"司机说："当然可以，什么东西呢？"林肯脱下大衣说："这件大衣。"司机疑惑地问："可是，我怎么把它还给你呢？"林肯笑着说："很简单，我把自己裹进去就可以了。"两个人哈哈大笑。

又一天，林肯穿着工服正在修剪草坪，一位州长来访，趾高气扬地说："喂，我来找总统，他在吗？"林肯说："您稍等。"说完转身进去换了身正装，对州长鞠躬说："您看，我把他带出来了。"

这一天晚上，林肯在家中正准备睡觉，忽然电话铃声大作。他接起电话，一个擅长钻营的人瓮声瓮气地说："税务主管刚刚去世，我想接替他。"林肯不假思索地回答道："这个嘛，我倒是没什么意见……"电话那头立刻传来感谢的声音，没想到，林肯话锋一转说："只要殡仪馆同意……"

**我们来分析一下，这三个场景中，幽默分别起到了什么作用：**

**拦车要求司机带大衣去城里**

**作用：** 这个幽默场景展示了林肯在不便的情况下如何以幽默方式求助。林肯幽默地利用自己的大衣来解决步行到城里的问题，给人展现了一种机智和乐观的形象。

**出其不意表露身份**

**作用：** 这个场景中，林肯借机调侃权势，幽默地展示自己的冷静和机智。通过换装并对州长表示"我把总统带出来了",不仅化解了尴尬,还用幽默嘲讽了对方的自大,展示了自己的幽默感和风度。

**接听电话对待求职者**

**作用**:这个场景中,林肯将幽默用于处理意外的电话请求。他通过幽默的回答,既化解了尴尬,又调侃了电话那头不合时宜的要求。这种幽默表现出他处变不惊的态度,以及他在应对复杂局面时的智慧和机智。

这就是幽默除了"解药"之外的其他作用。除了以上我们提到的场景之外,幽默的作用还有很多。

▷ **减轻紧张和压力**:幽默可以在紧张或压力大的情况下化解尴尬和紧张感,让人感到轻松和愉快。比如,男女双方初次见面,常常会感到紧张和尴尬,这时候,可以用幽默的方式作为开场白。比如这样说:"我发现这个餐厅的服务员都比我帅,你知道为什么吗?"这种幽默的开场白可以轻松地化解刚开始的紧张感,让双方感到更加舒适和愉快,为后续的交流打开一扇轻松的门。

▷ **表达智慧和机智**:通过幽默,人们可以展示自己的智慧和机智,引起他人的兴趣和认同。在交谈中展示对话题的独特见解或通过幽默的方式表达自己的观点,可以增进彼此间的理解和吸引力。

▷ **吸引注意力**:幽默往往能够吸引他人的注意力,让人愿意与其交流和互动。具有幽默感的人往往能够成为社交场合的焦点，让人们愿意与他们交往。

▷ **化解紧张和冲突**：在紧张或冲突的局面下，幽默可以起到缓和气氛的作用，减少敏感话题或尴尬的感觉，帮助化解潜在的冲突。

**幽默公式：铺垫 + 反转**

Part4 两性情感沟通，语言让感情升温

**深层逻辑**

◇ 幽默的人特别有魅力。

◇ 幽默可以缓解尴尬。

◇ 幽默可以"批量生产"。

◇ 预设 + 反转。

◇ 练习。

> **这样接话，一秒化解尴尬气氛。**
>
> 对方：你今天这身衣服真漂亮！
>
> 分析：很多人被夸时会感到尴尬，不好意思，不知道该怎么回复。这时，可以反过来称赞对方。

### 🙂 一般说法

没有没有，很普通。

谢谢。

哪里，很一般啦。

### 🙁 低情商说法

哈哈，自信的女人最美丽。

我知道，不用你说。

那是当然。

### 😊 高情商说法

有品位的人才会这么说，看来咱俩品位都挺高的。

还真别说，得到你的官方认定，我感觉自己更漂亮了！

我就喜欢听你说话，有品位的人说话就是不一样。

# 聪明的妻子，这样回复老公

## 男女有别

你有没有发现，在传统武侠，尤其是金庸的武侠世界中，女性往往都是男性的附庸，很少有"大女主"出现。比如，王语嫣对慕容复爱得死去活来，痴心一片。为了找表哥，她违反自己遵循了十几年的教条离家出走；为了让表哥能够完成复国大业，她强迫自己背下枯燥的武功秘籍，化身"场外教练"……

王语嫣对慕容复痴心，纵使铁石心肠也得融化。慕容复也确实对王语嫣动过真心。原著中写道："（慕容复）想到自己和她青梅竹马的情分，不禁动心，伸出手去，握住她的双手，叫道：'表妹！'"王语嫣听后"大喜，知道表哥原谅了自己，投身入怀，将头靠在他肩上"。两人说了一段情话，就在气氛逐渐升温时，王语嫣的一句话却忽然让慕容复"醒悟"了："表哥，你不去做西夏驸马了吧？"

慕容复听了这句话，"陡然间全身剧震，心道：'糟糕，糟糕！慕容复，你儿女情长，英雄气短，险些误了大事……'当即伸手将她推开，硬起心肠，摇头道：'表妹，你我缘分已经尽了。'"慕容复之所以硬起心肠，是因为他一心想要去西夏当驸马，这是他复国大计的关键一环。可王语嫣却差点让他陷入儿女私情中。

与王语嫣类似的女性形象还有很多，金庸笔下的女性角色往往被赋予对男性主角的忠诚、崇拜和无私，她们往往为了爱情或男性主角的事业而奋不顾身，表现出一种被动的角色定位。这种塑造反映了当时社会对男性和女性不同的期待。

### 对女性的期待

**依附于男性**：传统社会通常期待女性依附于男性，扮演支持和侍奉的角色。女性被视为家庭的核心，负责照顾家庭和提供情感支持。

**牺牲和奉献**：女性被期待为家庭和丈夫做出牺牲和奉献，将家庭利益置于个人利益之上。这种观念强调了女性的责任和服从。

### 对男性的期待

**养家糊口**：传统社会赋予男性赚钱养家的责任，将男性视为家庭的经济支柱。男性被期待通过劳动和事业来维持家庭的生计。

**承担领导角色**：男性通常被赋予领导和决策的角色，在家庭和社会中承担更多的责任和权威。

无论我们承认与否，男性和女性在体形、力量以及情绪管理方面，天生就存在差距。一般而言，男性在体形上通常比女性更高大、更具有肌肉质量和骨骼结构的优势。这种体形差异部分源于生物学的性别特征，如雄性激素（如睾酮）对肌肉生长和骨骼发育的影响，这是天然存在的，无法改变的。而这种现象正是"男主外，女主内"的根源。

当然，每个人都是独特的个体，性别只是生物学上的一种分类方式，并不能决定个体的全部特征和能力。现代社会倡导性别平等，强调男女应享有同等的权利和机会，传统观念也正在逐渐改变，这对我们来说是一种巨大的进步。然而，传统观念赋予男性的角色定位和心态，却不是短时间内能够改变的。

## 男性都有自尊心和自我价值感

男性通常注重自尊心和自我价值感，关注自身形象与他人评价。所以，妻子在与丈夫沟通的过程中，要注意维护对方的自尊心和价值感。

▷ **尊重和肯定**：表达出尊重对方的观点，肯定对方的能力和贡献，让他感受到自己的价值和重要性。比如，对他说："我觉得你说得很有道理。""我真是太喜欢听你说话了，怎么那么有道理呢。""老公，你真是太能干了。""这些年真是辛苦你了。"

▷ **避免贬低和挑战**：在交流中避免使用贬低或挑战性的言辞，尤其是在公开场合或在他人面前，不要让对方感到尴尬或受伤。如果遇到问题，尽量用婉转的方式提醒，比如这样说："我觉得我们可以谈一下这个问题，看看是否有其他的解决方式。"

▷ **委婉提供建议**：在需要反馈或指导时，以建设性的方式提出意见，避免过于严厉或批评性的言辞。比如，这样说："亲爱的，我有一个小建议，希望我们可以一起讨论一下。""我觉得这个事情你有点冲动，是不是心情不好？"

## 情感表达和沟通

有些男性不擅长表达情感或展现脆弱的一面，担心影响自己的尊严和形象，这也进一步导致其在情感表达和沟通上显得保守或内敛。因此，在对方遇到困难时，可以适时给予帮助。

▷ **鼓励表达**：提供一个开放和支持性的环境，鼓励男性表达他们的情感和想法，不断强调沟通的重要性。比如，这样说："怎么了，看你脸色不太好，是不是遇到什么糟心事了？""有压力是正常的，每个人都会有，说出来总会好一些的。放心，不管什么事，我都会和你站在一起。""有什么不开心跟我讲一讲，不要总闷在心里。"

▷ **倾听和理解**：耐心倾听对方的意见和感受，表达理解和同情，不要打断或质疑他的情感表达。比如，这样说："我理解你的感受。""我懂你的感受，也理解你的不容易，这些年真是辛苦你了。""我相信，以你的能力肯定能想到办法。"

▷ **尊重个人隐私和空间**：尊重对方的个人隐私和空间，避免在敏感问题上过分追问或插手。这里说的敏感问题，并不是出轨之类的违反道德的情况，而是一个独处的、消化情绪的空间。网上有一句话，引发了无数人的共鸣：下班回家，总是要在车上抽完一根烟，或者在小区下面坐一会儿才肯回去。许多人在工作或生活中面对压力时，需要独处一段时间来放松和消化情绪。对于这样的情况，我们可以理解并尊重对方的个人空间需求，不强求他们立刻参与交流或释放自己的情绪。可以采取包容和理解的态度，给予他们足够的空间和时间来处理自己的情绪和压力。

"妻子好合，如鼓瑟琴。"良好的夫妻关系，如同琴瑟和鸣，充满和谐、美妙与幸福。在婚姻中，只有相互协调和配合，才能奏响悦耳的乐曲。

## 深层逻辑

◇ 部分男性面临的生存压力和竞争压力更大。

◇ 以鼓励、肯定为主，维护对方尊严。

◇ 有问题时尽量委婉提出。

◇ 给予足够的隐私空间。

---

**这样指出丈夫的问题，生活更和谐。**
丈夫：我有什么错？

### ☺ 一般说法

你还敢说没错？好意思吗你！

## ☹ 低情商说法

能过过,不能过就离!

你没错,我有错行了吧?

对对对,你能有什么错,都是我的错,错就错在当初怎么瞎了眼,看上你这么个东西!

## ☺ 高情商说法

好了,别生气嘛,谁说你有错了?

哎呀,这话说的,咱俩只是看问题的角度不一样,怎么就说到对错了?

## 聪明的老公，这样回复妻子

**情绪价值**

我们还是从金庸说起。韦小宝是金庸在《鹿鼎记》中塑造的经典人物。他出生于青楼，却靠着一股子机灵劲一路过关斩将，不仅取得了事业上的成就，还在情感上"大丰收"，娶了七个貌美如花的老婆。

韦小宝长得不帅，个子也不高，原著里说他"年纪幼小，神情贼忒嘻嘻，十足是个浮滑小儿"。用现在的话说，就是长了一张"猥琐的娃娃脸"，还有些贼眉鼠目，妥妥是个"猥琐男"。那么问题来了，七个大美女为什么会看上他呢？更重要的是，这几个人身份迥异，既有当朝公主，又有前朝旧贵，甚至还有神龙教夫人，都不是不谙世事的少女。其实，我们深入分析一下就会发现，韦小宝最擅长的就是"哄"。建宁公主性格热情奔放，刁蛮泼辣，韦小宝就陪着她一起玩闹；沐剑屏天真纯洁，韦小宝就怜香惜玉，给足安全感；苏荃性格强势，武功高强，韦小宝就称赞讨好，做小伏低。

发现了吧？韦小宝之所以这么有"女人缘"，就是因为他善于与不同类型的女性交往，并针对她们的个性特点展现出不同的沟通方式和行为，给足对方情绪价值。

满足情绪价值，是两性关系是否和谐的关键。这一点从韦小宝身上足以看到。不同的是，在现代社会的婚姻生活中，丈夫只能给妻子这一位女性提供情绪价值哟。

## 安抚是第一要务

理解并尊重每个人的个性特点和沟通风格是非常重要的，特别是在婚姻关系中。一般而言，（一部分）女性更容易情绪化，而男性更倾向于理性和逻辑。这种性别间的差异部分源于生物学，具体涉及性激素对大脑功能的影响。

雌激素在女性身体中起着关键作用，能够影响大脑中的神经元，尤其是与情绪调节相关的神经元。研究表明，雌激素会增加多巴胺和去甲肾上腺素等神经递质的水平，这些递质与情绪、愉悦感和应激反应有关。因此，女性可能在情绪表达和情感体验方面更加敏感。比如，在女性生理周期中，雌激素的水平会在不同阶段发生变化。通常来说，排卵前和月经前后是雌激素水平波动较大的时期。雌激素对多巴胺和去甲肾上腺素等神经递质的影响可能导致情绪变化，使得女性在这些时期更容易出现情绪波动和脾气暴躁。

与之相比，影响男性情绪控制能力的睾酮素则相对较为稳定。睾酮素水平过低，男性可能会出现焦虑、抑郁和情绪波动，而睾酮水平过高，则会导致攻击性加强、易怒等问题。通常来说，睾酮水平在青春期达到高峰，然后逐渐下降。随着年龄的增长，特别是在中年和老年阶段，男性的睾酮水平会逐渐降低。这就是为什么青少年往往表现出更强的攻击性和竞争意识，而老年人看上去则平和得多。

另外，除了生理因素外，传统社会中，男性在社会和文化环境中所面临的压力和期待也会影响他们的情绪调节能力。在处理与他人的关系时，男性需要压制自己的情绪，保持理智与客观，而我们的传统文化也一再强调控制情绪的重要性。比如："泰山崩于前而色不变，麋鹿兴于左而目不瞬。""不以物喜，不以己悲。""宠辱易不惊，恋本难为思。""喜怒不形于色，好恶不言于表，悲欢不溢于面，生死不从于天。"

所以，在生理因素和社会文化因素的共同作用下，一部分男性在处理问题时更加趋向于理智，而一部分女性则更容易情绪化，而这种差异也成了矛盾的一大来源。比如，我们经常能够看到这样的场景：夫妻或情侣吵架时，男性在喋喋不休地讲道理，女性则专注于发泄情绪，如"不要跟我讲道理""我和你在一起不是为了听道理的"这类话语出现的频率也非常高。

那么，作为丈夫应该怎么做呢？其实很简单，站在对方的角度去思考问题，尊重和理解个体差异。即使你讲得再正确，人在情绪激动时，也是无法听进去道理的，因为你此时此刻不是在跟对方讲道理，而是在对抗女性的生理反应。为什么这么说呢？因为人情绪激动时，身体会释放应激激素如肾上腺素和皮质醇，这些激素会导致心率加快、呼吸急促，进而影响大脑的工作方式，导致注意力集中在应对情绪上,而非理性思考,如同狩猎一样,只想在吵架中分出一个胜负来。

所以,在不涉及原则问题的情况下,丈夫最好的办法就是先认输,安抚妻子的情绪。

首先,诚恳地承认可能存在的错误或导致妻子情绪不安的因素。理解她的感受,而不是抗拒或辩解,如果加上一点幽默就更好了。例如可以说:"皇后娘娘消消气,让容嬷嬷出来扎我几针,都是我的错。""哎呀,你气得头上都冒烟了,我去拿风扇,你等我一下。"

其次,要提供足够的安全感,避免在情绪激动的时候进行争吵或指责。保持冷静和理智,尽量避免情绪化的言辞和行为,以免加剧矛盾。可以说一些肯定的话语,如"我理解你的感受""你说得很有道理""我很在乎你的感受"等。

最后,如果你真的想把道理讲清楚的话,可以等对方情绪稳定之后,找一个合适的时机再去分析。

## 万能公式

老话说得好:"扬汤止沸,不如釜底抽薪。"我们再将问题深入一步,那有没有办法避免或者减少夫妻之间的冲突呢?或者说,有没有可以套用的"万能公式"呢?还真有。这个方法出自米歇尔·卢森堡的《非暴力沟通》:我的观察是什么——我的感受如何——感受的来源——我的请求是什么。

## Part4 两性情感沟通，语言让感情升温

我们先来看看下面这个对话场景：

女："你是不是不爱我了？"

男："什么意思？"

女："我跟你说话，你怎么这么敷衍？"

男："我没有啊。"

女："还说没有，你肯定是不爱我了。"

男："这话从哪说起呢，刚才不是有人给我发消息吗，我看了一眼。"

女："那你去看吧，好好看，消息重要，我一点都不重要。"

男："你怎么不讲理呀！"

女："对，我就是不讲理，你前女友讲理，你去找她吧！"

男："这又是哪跟哪呀？"

我们先来分析一下这段对话中有哪些问题。首先，女方指责男方"不爱自己"，属于发泄情绪，并没有指出具体的问题。男方注意到女方的情绪变化之后，也没有第一时间安抚，而是试图讲道理。

类似的场景正是两性关系中最常见的，也是《非暴力沟通》要解决的问题，我们把它总结为四步：

▷ **观察**：基于客观事实观察发生的情况，而不带有评判或解释。

换句话说,就是先区分什么是客观事实,什么是主观感受。拿这段对话中的例子来说,女方说:"你是不是不爱我了?"这就是主观感受,包括之后的"消息重要,我一点都不重要"也一样。而男方看手机没有关注到女方在说话,这是客观事实。

▷ **感受**:表达自己观察到的事实,而不是直接批评对方。也就是把观察到的情况、自己的情绪感受讲出来,不要使用指责性的言论。比如上面说的"你怎么这么敷衍",就是在指责对方。而男方说的"你怎么不讲理"也是指责。

▷ **需求**:表达自己的需要和期待,让对方理解你的内心需求。比如,女方可以说:"刚才叫你,你怎么没答应?我还以为你不想理我了呢。"这是感受。

▷ **请求**:温和地提出请求,而不是要求或命令对方采取行动。比如,可以说:"你把手机放下陪我说说话呗,咱俩好久都没有一起聊天了。"这是需求。

让我们再用一个场景练习一下。

晚上11点,丈夫在打游戏,妻子想和丈夫一起休息,这个时候应该怎么说呢?

**第一步,观察**:丈夫在打游戏,这是事实。

**第二步,感受**:妻子觉得很生气,这是主观感受。生气的原因不是因为丈夫打游戏,而是不能一起休息。

**第三步，需求：** 妻子需要丈夫的陪伴和理解。

**第四步，请求：** 妻子温和地请求丈夫："亲爱的，现在晚上11点了，我感觉有点累，想和你一起休息，等你打完这一局咱们一起休息好吗？"

"女孩子是用来哄的，不是用来讲道理的。"虽然很多人都极度反感这样的表达方式，但从客观上来说，它也有一定的道理。无论生理还是心理方面，男性和女性确实存在差异，在很多情况下，女性更注重情感和情绪的表达，而男性则更倾向于理性和逻辑。因此，当女性情绪激动或需要安慰时，常常需要的是倾听、关心和理解，而不是过多的道理和解释。

当然，这并不意味着女性不需要理性的讨论或解释，而是在情感表达的过程中更需要情感上的回应和支持。因此，对于夫妻关系或两性之间的沟通，理解彼此的沟通风格和需求，尊重对方的情感表达方式，是建立健康、和谐关系的关键。

## 深层逻辑

◇ 由于生理和心理原因，女性更需要情绪价值和安全感。

◇ 沟通中要以照顾女性情绪为第一要务。

◇ 先安抚情绪，再讲道理。

◇ 非暴力沟通，"对事不对人"是减少冲突的有效方法。

## 这样和妻子沟通，家庭更美满。
妻子说：你是不是不爱我了？

### 😐 一般说法

怎么可能？我最爱你了。

当然爱你了。

### 🙁 低情商说法

哎呀，你一天咋这么矫情？

爱爱爱爱，行了吧！

你是不是闲的？天天问。

### 🙂 高情商说法

你怎么会这么想呢，是不是我哪里做得不够好？

宝贝，是不是我最近太忙，忽略你的感受了？

# Part 5
## 家校日常沟通，为孩子搭建一座桥

## 与老师沟通有技巧

**家长怕老师吗?**

2023年有条很"魔幻"的新闻,让人印象深刻。四川某地一所幼儿园的开学典礼上,父母们右手握拳,在老师的带领下庄严宣誓:"我宣誓要无条件配合老师。"声音洪亮,整齐划一,气势十足。第二天,这件事就在互联网上发酵,引发了一场舆论风波,大部分网友都表示不理解,认为不尊重,且没必要。

一位网友表示:"都是家长惯的毛病。动不动群里老师辛苦了,听着都反胃,哪里辛苦了?教育孩子是他们的责任。"此言一出,获得超过四千多人点赞。另一位则表示:"这是什么病态教育?连家长一起教育了。"这条有上万人点赞。

没过多久,学校就出面道歉,热度也逐渐过去了。可是,在我们看不见的各个角落,这种拼命讨好老师的家长无处不在。每年一到教师节,就能在班级群里看到一场大型表演。这场表演往往是家长带头,编辑一段对老师感恩戴德的文字,主题围绕老师的辛苦付出,孩子的成长与家长的感激之情三个方面展开。用词极其肉麻,让人浑身起鸡皮疙瘩。紧接着就是跟在后面表态的"小兵",绞尽脑汁表达感激之情。

平时老师只要在群里发消息,一部分家长就会蜂拥而上,纷纷感恩。班级里有什么事,这些家长也会一股脑云集响应,生怕落后。班里有活动时,这些家长也会踊跃报名,有钱的出钱,有力的出力,反正一定要让老师看到自己的努力。更有甚者,还有些家长会想尽办法给老师送东西。现在有一个很流行的说法,把这种人称为"奴才型家长"。

这种带有侮辱性质的说法,我个人非常反对。表面上看起来,家长似乎是怕老师,但事实真的如此吗?大概是。但为什么怕呢?我们从一个古代的故事说起。

中国有句老话,叫"县官不如现管",还有一句话叫"灭门县令,破家府尹"。县令虽然只是七品小官,但百姓却最怕他。因为县太爷手里,掌握着全县的行政、司法、财政大权,一县百姓均由他管辖。

明代小说《二刻拍案惊奇》讲了个故事。说武进县一位叫陈定的富户,娶了一妻一妾,妻子和小妾闹矛盾,妻子被气死了。邻居有几个人心术不正,平时眼红陈定,就撺掇死者的兄弟告官,想要敲诈一笔银子。

死者兄弟写好状子递到县衙,县令一看是人命官司,陈定又是个富户,不由分说就让人把他抓进牢里。陈定也不敢说什么,赶紧打发人拿着银子上下打点，前后花了几百两银子才把自己捞出来。这案子本来就算是完了，没想到死者的弟弟嫌自己赚得少，竟然找到县令的老乡，把陈定贿赂的银子从县令那里又要回去了。这下县太爷可彻底怒了，又把陈定抓进去定了死罪。人命关天的刑事案件，一个县令就能随意更改结果，这就是"灭门县令"的威力。

老百姓为什么怕县令，是因为对方的身份吗？当然不是，老百姓怕的是县太爷的伤害能力。同样的道理，家长们害怕的，也是老师的伤害能力。打开搜索引擎，以"幼儿园老师殴打学生"为关键词进行搜索，会弹出数条新闻，这才是真正让家长们害怕的。

另外，很多家长认为，老师对学生的关注度与学生成绩是成正比的。只要老师用心辅导，孩子就能受到特别关照。相反，如果一不小心得罪老师，孩子在学校就会被"穿小鞋"，影响成绩不说，还有可能遭受孤立。这是另一种伤害力。

有人说，这只是极少数情况，大部分老师都是好的。这确实，但站在家长的角度来看，没人愿意用自己的孩子来赌概率。所以，家长讨好老师的背后，其实是害怕老师的伤害能力。这种能力就像达摩克利斯之剑一样悬在每个家长头顶，让他们不得不防。

## "放过"老师

但是，站在老师的角度来看，他们又是怎么想的呢？由于职业的原因，我认识不少老师，也经常在一起讨论这个话题。对于家长的过度讨好，几乎所有老师都是一个态度：不舒服。

这种感觉像什么呢？举个例子来说，就像过年时家族聚餐，你是家里的晚辈，七大姑八大姨好几十号人一起围着你猛夸。这个说："太厉害了，能考上某某大学。"那个说："不止呢，人家还会唱歌呢。""不止呢，还交了女朋友呢。""这件衣服太帅了，太适合你了。"这样的环境中，除了尴尬还是尴尬。

另外，现在老师的工作非常繁忙，除了教学任务之外，还有大量烦琐的任务。2022年，河南一位小学老师留下遗书后选择离开，引起了很多老师的共鸣。她在遗书中写道："我从来没想过，作为一个小学老师会这么难，面对学生很想真的做到教书育人，但是学校的工作，学校的活动，领导的检查，让我们这些没有培训过就直接当班主任的毕业生像入了牢笼，牢笼一点点缩小，我们每天都提着最后一口气上班。什么时候老师才能只做教书育人的工作？"

现在的老师确实很累，很辛苦，加班几乎是常态。作为老师，只想做好教书育人的本职工作。所以，家长的这些过度讨好，对于老师来说也是一种负担。如果不回应，显得很没有礼貌，可如果回应的话，简直没完没了，看不到头。所以，有经验的老师在群里发完消息后，都会在后面跟上一句"不用回复"。

至于送礼，对于老师来说更是"烫手山芋"，一不小心就要挨处分。所以很多老师都会在教师节前一天千叮咛万嘱咐，让孩子们通知家长不要准备任何礼物。

**所以，在与老师的交流过程中，要把握三个关键。**

第一，保持礼貌和尊重，但不要过度讨好，不卑不亢的态度正合适。如果想要夸赞老师，最好借着孩子的话语去讲。比如可以这样说："我听孩子说您上课特别有耐心。""孩子老跟我说，胡老师对他特别好。"如果对老师某方面有意见或者建议，也尽量用孩子的话语去说。比如这样说："孩子说上课听不懂，我想跟您沟通一下，看看他哪里出问题了。"或者这样说："孩子说班里有同学给他起外号，他感觉很不舒服，想跟您沟通一下，看看有什么好办法。"

第二，尽量不要占用休息时间，提问简单明了，不要说太多客套话，避免偏离主题，最后简短表达对老师的感谢。比如这样说："胡老师，我想耽误您两分钟时间，沟通一下孩子作文方面的问题。"

第三，表达主动配合的意愿。有些家人认为：我交了学费，把孩子送到学校，老师就要对孩子的一切负责，不能再让家长管东管西。其实这是一个误区：一来每个班都有几十个学生，老师不可能事无巨细地照顾到每一个人，因此，就需要家长配合及时发现问题，反映问题；二来老师只能传授课业，但孩子成长过程中，性格、习惯、价值观、为人处世的方法都需要家长去教，相对于学业，这些才是影响孩子一生的东西，所以才需要家校合作。

家校合作是美国霍普金斯大学学者爱普斯坦提出的，具体是指学校、家庭和社区合作伙伴关系（School, Family and Community

Partnerships）对学生具有交叠影响作用。这个理论提出之后，很快就受到广泛关注和讨论，并在世界各地的学校开始广泛实施。

所以，首先要在心态上确立正确的观念，明白孩子的教育不能单纯依靠老师，送到学校不等于可以撒手不管。而是要向老师传达出积极的合作态度和愿望，搭建起家校间互信、互助的桥梁，共同为孩子的成长努力。比如，可以说："老师，感谢您对孩子的关心和教育。学校有什么要求和活动我一定会积极配合，辅导孩子完成作业，期待能和您共同为孩子的成长努力，谢谢！"

## 深层逻辑

◇ 家长害怕的是老师具有的伤害能力。

◇ 与老师沟通时不要阿谀奉承，长话短说，聚焦具体问题。

◇ 用孩子的话来表达赞美，反馈问题。

◇ 尊重和感谢老师的付出。

◇ 表达配合意愿。

**这样与老师沟通，老师更重视孩子。**
老师说：孩子上课不是说话就是睡觉，你知道吗？

### ☺ 一般说法

老师放心，我会好好教育他的。

## ☹ 低情商说法

学校的事归你们管,跟我说什么?

我家孩子送到你们那,现在变成这样,你要负全责。

肯定是你讲课没意思。

## ☺ 高情商说法

老师,感谢您提醒我孩子在课堂上的表现。我会认真与孩子沟通,帮助他明白在课堂上应该保持专注,尊重老师的教学工作,找到具体的原因,避免再出现这样的问题。

老师,谢谢您的反馈。我们会认真关注这个问题,在家里和孩子一起讨论一下问题出在哪里,让他学会尊重老师,遵守课堂秩序。以后孩子要是有什么问题,还要劳烦您随时告诉我们,我们会全力支持您的工作。

# 千万不要对孩子说的话

## "暴君"与"良民"

有这么一个国家,国土很小,从这头走到那头只需要几分钟时间,有时候更短。令人感到奇怪的是,这个国家只有三个人,国王、王后和仅有的一个子民。在这个国家,统治者拥有绝对的权力,主管国家一切事务,提供子民所需的一切物质需求。他们制定了十分严苛的法令,对子民的衣、食、住、行都进行了严格规定,甚至包括睡觉和起床的时间也一样。那位可怜的子民必须遵守规定,不得反抗,不得违背,不得有异议,否则将会受到惩罚,包括但不限于打骂,拒绝提供食物等。

在这样的环境中,这位子民没有任何反抗手段,因为统治者为他提供一切物质条件,且力量远超于他。他必须学会察言观色,不敢有丝毫异动或违背,只能顺应统治者的一切规定。他日复一日地过着被束缚的生活,习惯了无条件服从和言听计从。他不敢有任何违抗的念头,因为对他来说,违抗意味着被孤立、被惩罚,甚至失去生存的基本保障。在这种强权统治下,子民心生无奈,但也逐渐形成了一种顺应的心态。他开始学会如何避开统治者的不悦,如何说服自己接受一切规定。他明白在这样的环境中,保持沉默和顺从是生存的唯一出路。

然而，尽管子民表面看起来顺从，内心却充满无尽的焦虑和不安。他渴望自由，渴望独立思考，渴望有一天能够找到反抗的勇气，挣脱这个专制统治的枷锁，追寻属于自己的自由和尊严。终于，随着时间一天天过去，这位子民不断长大，拥有了反抗的能力。于是，他决定不再遵从统治者定下的规矩，他要反对传统，反对条条框框，反对那两位主宰者。直到有一天，这个小小的国家爆发了激烈的冲突，国王与王后猛然发现，过去那个言听计从的子民，忽然成了暴民，可他们已经失去了控制局面的能力。

你是不是已经发现了这就是传统家庭中父母和孩子相处的缩影？年幼时，父母可以控制孩子，通过强迫等方式让他们听话。但随着孩子逐渐长大，他们开始追求独立和自主，对父母的控制和束缚产生抗拒和反抗。青春期的叛逆行为往往是孩子表达自我、追求独立的一种方式，他们试图摆脱父母的掌控，寻找自己的生活方式和价值观，于是矛盾就越来越多，父母也会觉得孩子越来越叛逆。

其实，从另一个角度来看，父母和孩子的关系，和统治者与臣民的关系极度类似。一部分父母是"暴君"，习惯采用强制方式来确保孩子"听话"。这样的家庭教育，以权力和控制为核心，忽视孩子的个体需求和情感发展，在短期内看不到危害，孩子反而会表现得十分优秀：成绩优秀，顺从听话，是其他家长眼中"别人家的孩子"。然而，这些孩子并不是自己想要变得优秀，而是想要努力取悦父母，追求表面上的成功和认可。

教育也是一样，除了传授知识之外，现代教育的整个模式，都是为了培养合格的产业工人设计的，包括按时上下学、集体教学、学习任务、阶段考核、奖惩、遵守校规校纪等等，都是为了让学生学会守规矩。中国的工业高速发展的背后，是基础教育水平的跃迁。了解一下那些教育不普及的国家就会发现，当地人根本没有这些概念，工业也完全发展不起来。所以，我们要说的重点是：家庭教育应该更加注重培养孩子的创造能力、独立人格、社会情感能力。这就要求作为家长的我们，不能采用"暴君"思维，而是要有"民主"意识，在某些情况下，把孩子当成大人看，在另外一些情况下，把孩子当孩子看。

具体来说，涉及个人尊严时，要把孩子当成大人看。

**尊重孩子，不要贬低人格，使用侮辱性词汇**

在与孩子相处时要避免使用侮辱性的言语或语气，不要贬低孩子的人格或价值。家长应该用尊重和理解的态度与孩子交流，不以伤害孩子自尊的方式表达意见或批评。

常用语言：我明白你的感受，我们可以一起找解决办法。

不当语言：你笨得跟猪一样，这么简单的题，讲了多少遍都不会做！

**与孩子建立起良好的沟通习惯，多考虑孩子的意见**

建立良好的沟通习惯是亲子关系中至关重要的一环。家长应该倾听和尊重孩子的意见，给予他们表达自己想法和感受的机会。多与孩子交流，理解他们的想法和需求，促进家庭中的理解与沟通。

常用语言：你对这件事有什么想法？我们来听听你的看法。

不当语言：让你怎么做你就怎么做，哪来的那么多话！

**不要给孩子贴负面标签**

避免在孩子面前或他人面前使用贬低或负面的标签来描述孩子。负面标签可能会损害孩子的自信心和自尊心，影响其发展和成长。

常用语言：你很有创造力，这次做得很棒！

不当语言：你怎么这么懒，每次叫你都不起床。

**多引导，少命令**

家长在教育孩子时应该采用引导的方式，鼓励孩子参与决策和解决问题，而不是简单地下达命令。通过引导，可以培养孩子独立思考的能力和自主性。

常用语言：你觉得应该怎么做比较好呢？我们可以一起想想办法。

不当语言：我数到三……

## 尊重孩子的隐私，给他们留下个人空间，不要事无巨细，什么都想管

孩子需要一定的个人空间和隐私，家长应该尊重孩子的隐私，不过分干涉和监控。不要过度关注孩子的一举一动，应给予他们自主的空间和发展的机会。

常用语言：我会尊重你的隐私，如果你需要帮助或想分享，随时告诉我就好。

不当语言：你一个人躲在里面干什么呢，以为我不知道？

在某些情况下，要把孩子当成孩子来看。

### 涉及原则性问题

**安全问题**：家长需要坚守对孩子的保护责任，确保他们的安全，包括在家、外出游玩或上学时的安全意识和行为规范。最重要的是，发现孩子受到霸凌之后，一定要及时处理。孩子心理脆弱，很多对于大人来说不算什么的所谓"小事"，对孩子来说就是天大的问题，他们能依赖的也只有父母。之前有个新闻，9岁男孩被老师罚抄1万遍词，还经常被体罚，最后选择用跳楼的方式结束自己的生命。所以，在孩子需要保护的时候，一定要及时出手。

**道德行为**：家长应该教导孩子树立正确的道德观念和行为准则，包括诚实、尊重、责任感等。家长的行为和语言是孩子道德观念的重要示范对象，要通过身教来引导孩子培养良好的品德和行为习惯。

**尊重他人：** 家长要教导孩子尊重他人的权利和感受，包括同龄人、老师、长辈和不同背景的人。通过教育孩子如何体谅他人、包容不同意见和文化，培养孩子良好的人际关系和社会适应能力。

这些能力都需要后天学习和培养，需要家长慢慢去引导和教育，在日常生活中通过言传身教和与孩子的交流互动，逐步培养孩子正确的观念和行为准则。

**情绪和心理发展**

孩子的情绪和心理发展是一个持续的过程，家长需要理解孩子可能因为年龄和生活经历而表现出的情绪波动和行为变化。在孩子面对挫折、焦虑或困难时，家长需要给予理解和支持，不要过度期待他们表现出成人的应对能力。比如，小孩子难免会出现任性、闹脾气的情况，有些家长就认为，孩子必须跟大人一样控制好自己的情绪，否则就是"不听话"。其实这种想法大错特错，只要想一想自己小时候的表现就会发现问题所在。

遇到这类问题时，家长首先应该降低预期，用小孩子的视角去看待小孩子的问题，不要把成人视角代入，要告诉自己"小孩子就是这样"。采用引导和鼓励的方式解决问题。通过示范和教育，帮助孩子学会逐渐掌握情绪管理的技巧，如深呼吸、寻求帮助、寻找解决问题的方法等。比如，可以说："宝贝，我知道你现在感到很沮丧和生气，这种感受是很正常的，妈妈小时候也是这样。让我们一起来做个深呼吸，然后慢慢聊一聊发生了什么事情，看看有什么方法可以帮助你感觉好一些。"

**社交能力**

社交能力也是需要教育和培养的，家长的角色至关重要。首先，要鼓励孩子参与各种团队活动、课外班或社区活动，这样他们可以结交新朋友并学习与他人合作和交流的技巧。还可以鼓励孩子主动邀请同龄朋友来家里玩耍，教导孩子分享和合作的重要性，帮助他们理解与他人分享玩具、资源和经验的价值，从而培养和建立友谊。

其次，教导孩子有效的沟通技巧，包括倾听、表达自己的想法和感受，以及尊重他人的意见和观点。帮助孩子学习解决冲突的方法，如通过交流、妥协和寻求共赢的方式处理问题。

最后，作为家长，还要成为孩子的良好榜样，展示积极健康的人际关系。在家庭中展现尊重、体谅和包容的行为，鼓励孩子模仿这些行为并在与他人交往中应用。

**深层逻辑**

◇ 现代学校教育的本质是规训，重点培养孩子的创造能力。

◇ 尊重孩子的自尊和人格，不要使用侮辱性词汇。

◇ 原则问题上需要引导。

◇ 孩子的成长是线性过程。

◇ 给孩子一个幸福的童年。

**这样指出孩子的问题，沟通起来更顺畅。**
孩子说：我不想写作业！

### 😐 一般说法

那可不行。

不写作业以后怎么办呢？

### ☹ 低情商说法

我看你是皮痒痒了。

不写作业也可以，出去捡垃圾吧。

不写也得写，写不完不许睡觉！

### 🙂 高情商说法

　　爸爸像你这么大时，也有过不想写作业的时候。但是我们都知道，有些事情虽然不是我们最喜欢做的，但完成它们是生活很重要的一部分。就像我现在工作一样，有时候可能感觉有点烦，但工作是我们生活的一部分，需要去做。写作业也是一样，能帮助我们学习和成长，你说对不对？

# 与其他家长的沟通秘诀

## 不要攀比

我住的小区有位宝妈,特别喜欢拿自家孩子和别人家的孩子比。每次考完试,因为现在学校不公布排名,她总要把认识的人全问一遍,确定自家孩子的排名。如果考好了,就能高兴很久,如果考差了,那孩子可就"遭老罪"了。午休两个小时,孩子吃完饭后最少要做一张试卷,做完正好上学。晚上放学之后,还要在家里再做另外一科的试卷,做完正好睡觉。

我们刚搬到小区时,她们家孩子才上幼儿园,看起来非常活泼好动,见人就打招呼,眼珠子滴溜溜转,透着一股子机灵劲。后来上小学后,孩子就变得有点呆板木讷了,眼睛总是直勾勾地看着某个方向,说话吞吞吐吐,像个"小大人"一样。

小孩子任性总是难免的,一群孩子在楼下玩,家长叫回家时,总要讨价还价一番。

可她们家孩子很听话,只要她一说,孩子立刻就跟上去了。对于这一点,她非常自豪,其他家长也乐得夸赞:"你们家孩子真听话。""太懂事了,要是我家孩子有这么听话就好了。"还有人请教她秘诀，她每次都要双臂环胸，一脸得意地说："小孩子就不应该惯着，该打就得打。"

除了比成绩、比听话，她还喜欢跟别的孩子比特长。上一年级时，她给孩子报了一个美术特长班，孩子一开始进步很快，没几天就能创作出完整的作品了，而且还学会了打线稿、布局、笔触。每次孩子一有作品，她总要拿出来跟大家分享一番。可有一次，小区里的另一个孩子也拿出了自己的画作，竟然比她们家孩子的还要好。重点是，人家没有上过美术班。她瞬间"破防"，把孩子骂了一通，说孩子不用心，对不起自己交的学费。最后表示，再上一年，没有效果就算了。

喜欢攀比的人，什么都要和别人比一下。比成绩，比特长，比听话，比骑车，比滑冰，比唱歌……似乎只有让自家孩子成为"别人家的孩子"，才能找到优越感，找到存在的意义，证明自己的能力。殊不知，这对孩子来说是一种巨大的压力，最终只会让孩子迷失在压力中。她们家小姑娘，现在作业写得越来越慢了，她很苦恼，不知道哪里出了问题。这其实不难想，作业写慢一点，就不用做试卷了，最好是能一直拖到睡觉。孩子的学业才刚刚开始，就已经有了厌学情绪，这才是最致命的。

家长拿孩子跟别人比，为什么不拿自己跟别的家长比呢？别人家住大平层，开豪车，没事带着孩子出去旅游"见世面"，这些怎么不跟其他家长比呢？从本质上来说，部分家长可能对自己的家庭条件或孩子的表现缺乏自信，因此更容易将注意力集中在他人看似优越的生活方式或孩子的成绩上，以衡量自己的价值或能力。

所以，在与其他家长交流时，最重要的是保持开放的心态，尊重彼此的选择和差异，以建立互相理解和支持的关系，避免攀比和竞争。

一来攀比没有任何意义，只会给自己和他人带来压力和焦虑。每个家庭和孩子都有自己独特的生活方式和发展轨迹，强调差异性和个体化可以促进更健康和积极的成长。与其将注意力放在与他人的比较上，不如关注孩子的个体需求和成长过程，以及家庭内部的和谐和快乐。以我为例，我小时候就不怎么长个儿，一直到初中都比堂妹低一头，在学校排队时也常年占据"头把交椅"，直到高中个子才猛然蹿了一大截，这样的攀比有意义吗？

二来攀比会给孩子带来压力，影响他们的自尊心和自信心。家长过分强调与他人的比较，孩子只会感到自己不够优秀，从而增加不必要的心理负担。孩子应该在一个自由、宽容的环境中成长，发展出独特的个性和能力，而不应该被外界的标准和期待所束缚。

所以，在与其他家长交流时，千万不要拿两个孩子去比，可以多夸夸对方的孩子，用询问的语气激发对方的表达欲。比如这样问："你家孩子做题怎么那么认真？""你家孩子成绩怎么那么好？"

## 不要指手画脚

不要攀比，同时也意味着要尊重对方的教育方式，不要指手画脚，好为人师。一方面，没有人喜欢被说教。本质上来讲，说教是一个人站在高处，或者自以为站在高处，对另一个人的教育和指点，潜台词就是：我比你高明，你得听我的。被说教往往意味着受教育者被视为无知或错误，而说教者则自认为拥有更多知识或更正确的观点。这种不平等的态度会导致沟通失败和对立的产生。人家就算当时不说什么，心里也会极不舒服。

另一方面，你所认为的正确观点和方法，并不代表就是对的。每个人都有自己独特的观念和价值观，而这些观念往往受到个人经历、文化背景、教育程度等多种因素的影响。你不爱吃香菜，就要把全世界的香菜都连根拔除，让别人也不能吃吗？你不爱吃甜粽子，就要把全世界的粽子都撒上盐，塞上肉，让所有人都跟你一样吗？所以，你的正确只是你自己认为的正确，不能要求别人都按照你的方式来处理问题。走自己的路，同时允许别人走他们的路，这是基本的尊重，也是建立良好人际关系和有效沟通的重要前提。

## 不要贬低老师

很多家长喜欢在一起"吐槽"老师，因为有共同话题，说起来简直滔滔不绝，"于我心有戚戚焉"。说什么这个老师不负责，那个老师很清高，更有甚者，还有人会对老师发起"人身攻击"。殊不知，这些"吐槽"不仅无用，还会带来害处。一方面，你不知道这些话会在什么时候，通过什么方式传到老师的耳朵中，对孩子造成影响；另一方面，过度抱怨或攻击他人容易造成负面情绪和不良影响。

还有一部分家长，喜欢在孩子面前贬低老师，说什么"你们老师有病，布置这么多作业""你们老师是不是更年期，脾气怎么这么暴躁"等。这种"吐槽"表面上看起来似乎无伤大雅，但无形中已经在孩子心中埋下负面观念和态度，破坏了孩子对老师的尊重和信任，从而影响其学习动力和态度。

**深层逻辑**

◇ 不要攀比。

◇ 不要好为人师。

◇ 不要在一起说老师的坏话。

◇ 不要在孩子面前贬低老师。

**这样与其他家长交流，轻松获得好人缘。**
对方说：你家孩子怎么不听话呢？

☺ **一般说法**

确实不好管。

是没你家孩子乖。

## ☹ 低情商说法

管好你自己就行了。

就你家孩子听话？上次打你的不是他？

就你长了一张嘴，显得你多能耐。

## ☺ 高情商说法

我们家有什么事，一般都是商量着来。

孩子有自己的想法和情绪，我们一般都是鼓励和沟通，你有什么好方法吗？

孩子大了，有自己的想法，不过你家孩子管得可真好，怎么做到的？

## 避免三极端认知，营造积极健康的家庭氛围

### 互联网"二极管"

你有没有发现一个问题？互联网上的争吵越来越多了，往往一个简单的问题，就能引发巨大的舆论风波，人们往往会分成两派"互掐"，用极端恶毒的语言攻击对方。

举个例子来说。有人说当老师辛苦，每天有忙不完的工作，很累，很疲惫。"二极管"就会立刻跳出来说："那么累你不会辞职呀，有的是人想干。"有人说不愿意生孩子，不想让孩子过得跟自己一样累。"二极管"就会立刻跳出来说："你的意思是其他国家不累呗，那你还不赶紧滚。"有人说不喜欢吃某种东西，觉得很难吃。"二极管"就会马上留言："这么好吃的东西都不爱吃，就是矫情。"有人说自己不喜欢某本书，"二极管"就会推导出"不喜欢读书"的结论；有人表达对某种音乐风格或艺术形式的不喜欢，"二极管"就会推导出"没有品位"的结论；有人表示不喜欢参加大型社交活动，就被认为是"不合群"或"缺乏社交能力"；有人提出对某项政策或观点的批评，就被认为是"反对一切"。

为什么会有"二极管"呢？其实很简单。一方面是互联网上，

人们往往可以匿名发言，这降低了责任感和对自己言论后果的担忧，导致一些人更倾向于采取激进、极端的态度；另一方面是社交媒体平台的算法往往会推送用户喜欢的内容和观点，使人们更容易聚集在相同意见的群体中，形成"信息茧房"，使不同意见的交流和对话变得困难。但是，最根本的原因，是因为他们缺乏基本逻辑，对个别案例或个人经历进行归纳推理，得出普遍结论。或者混淆概念，将对某一事物的不喜欢或不同看法视为对整体事物的否定。

其实，在与孩子的交流过程中，这种行为也十分常见。比如，有些家长可能会根据孩子一次或个别的行为做出过度归纳，认为孩子是"懒惰"或"不用功"，而不去探究背后的原因。或者基于自己的期待和偏见，对孩子的行为进行主观评价，认为孩子是"不听话"或"不争气"等。

## 三极端认知模型

这类现象，都可以归入三极端认知模型中。

▷ **非此即彼思维（All-or-Nothing Thinking）**：也称为二分思维，指的是把事物看成是非对立、绝对的两极，没有中间地带或灰色地带。这种思维模式会导致人们过分简化复杂的情况，无法看到事物的多样性和变化。

例如，很多家长认为，只有孩子取得高分才是成功，否则就是失败。他们对孩子的成绩要求极端，忽视了学习过程中的努力和进步。当孩子取得一般成绩时,家长会表示失望或责备,而不是鼓励孩子继续努力进步。比如指责道:"上次考了100分,这次怎么才考99分。"

在行为方面,有些家长会对孩子的行为进行二分评价,要么是完美的,要么是不可接受的。比如,如果孩子偶尔迟到或犯了小错误,家长会使用极端的措辞进行指责,而忽视了孩子的努力和改善。

▷ **过度概括(Overgeneralization)**:指基于有限的经验或一次事件就做出普遍性的结论。这种失真会导致人们把一个负面经历推广到所有类似情境,从而影响对其他情况的理性判断。

例如,孩子在某次考试或活动中表现不佳,家长就会因此指责孩子"没用"或"永远都做不好"。这种过度概括导致家长对孩子的整体能力产生负面看法,而忽视了孩子其他方面的优点和潜力。孩子做了一次不好的行为,比如说谎或任性,家长就指责孩子"从来就不诚实"或"总是不听话";孩子可能因为与某个同学或老师的冲突而产生负面情绪,家长就因此认为"所有人都不喜欢我家孩子"。

▷ **否定正面(Disqualifying the Positive)**:是指忽视或无视积极的事实、经验或情况,只专注于消极、负面的方面。这种方式会导致对自己或他人的优点和成就不予重视,增加消极情绪和不满意度。

例如,孩子在学习或其他活动中取得了进步或付出了努力,但家长却只关注孩子未能达到的部分,对孩子说:"你的成绩虽然提高了,但还不够好。"或者说:"你做得不错,但还有很多需要改进的地方。"这种行为会使孩子感到他们的努力和成就得不到认可和赞赏,增加孩子的自我怀疑和消极情绪。家长否定正面的行为会削弱孩子的动力和自信心,影响其继续努力和积极学习的意愿。

所以,在日常与孩子的沟通过程中,我们要做的就是反其道而行之,避免出现三极端认知的情况。

▷ **意识到自己的思维模式**:在说话之前,要有意识地去思考,自己是否存在全能思维、过度概括或否定正面等认知偏差。了解自己的思维模式是改变的关键。

▷ **保持开放和灵活的态度**:在与孩子沟通时,保持开放的心态,不要过分简化问题或把事物看成非黑即白的对立面。要学会接受事物的多样性和变化性,尊重孩子的独特性和个体差异。

▷ **倾听和理解**:与孩子交流时,要倾听他们的想法和感受,理解他们的观点和行为背后的动机。避免过度解读或一味否定孩子的想法,要通过沟通建立互信和共鸣。

▷ **注重积极肯定**:在交流过程中,要注重积极肯定孩子的努力和优点,而不是过分关注问题或错误。通过积极的反馈和鼓励,帮助孩子树立自信心和积极的态度。

▷ **持续学习和反思**:作为家长,要持续学习和反思自己的教育方式和交流模式。接受他人的建议和意见，不断完善自己的教育技能，以便更有效地与孩子沟通和交流。

在日常与孩子的沟通过程中，避免三极端认知是非常重要的。通过优化自己的思维模式、保持开放与灵活的态度、倾听和理解孩子的想法、注重积极肯定孩子的努力，以及持续学习和反思自己的教育方式，我们可以建立更积极、平衡和健康的家庭交流氛围。

给孩子营造良好的沟通理解氛围，不仅有助于培养孩子的自信与积极态度，也促进了家庭关系的和谐与稳定。通过这样的努力，我们可以共同成长，建立更加美好的家庭氛围，培养出健康、积极、有爱心的下一代。

我一直在思考一件事，我们教育孩子的理念是哪里来的呢？在没有经过专门的培训和教育的情况下，我们的教育方式似乎也一代又一代传了下来。父母怎么样对待和教育我们，我们就怎样教育下一代。可是，这种传承真的没有问题吗？当我们站在"全知全能"的云端，去指责甚至辱骂孩子时，有多少人反思过自己呢？

比起孩子，家长似乎更需要学习，更需要被教育，更需要学会如何做一个合格的妈妈、爸爸。

《小王子》开篇有个很有趣的故事：主人公6岁时，在一本书上看到了一幅精彩的插图，画的是一条蟒蛇正在吞下一头野兽，书中写道："蟒蛇把猎物囫囵吞下，嚼都不嚼。然后它就无法动弹，躺上六个月来消化它们。"于是，主人公也用铅笔画下了自己人生中的第一幅画作——看上去像帽子一样的画——实际上是蟒蛇鼓起来的肚子。他把画给大人看,大人却泼冷水:"全都丢开……把心思放在地理、历史、算术和语法上好。"于是,6岁的主人公"放弃了辉煌的画家生涯"。"那些大人自个儿什么也弄不懂,老要孩子们一遍一遍给他们解释,真烦人。"

很多时候,孩子们的创造力就是这样被一点一点消磨殆尽的。在《小王子》的序言中,作者写道:"所有的大人起先都是孩子(可是他们中间不大有人记得这一点)。"如何教育孩子,每个人心中其实都有答案。想一想你小时候希望家长怎样对待你,就去怎样对待你的孩子,让他们拥有一个健康、快乐、幸福的童年,因为它会影响孩子的一生,正所谓"幸福的人用童年治愈一生,不幸的人用一生治愈童年"。

希望我们都能够努力给孩子一个幸福的童年,也希望每个孩子都能拥有快乐、健康和光明的未来。

**深层逻辑**

◇ 不要用非黑即白的方式看待孩子的成长。

◇ 避免过度概括,把小问题扩大化。

◇ 不要只关注孩子的问题,多鼓励。

◇ 时刻自省,保持批判,多学习。

## 这样鼓励孩子，孩子会越来越自信。

孩子说：对不起妈妈，我这次考得很差。

### ☺ 一般说法

我就知道，这几天玩疯了。

有多差？拿出来我看看。

### ☹ 低情商说法

我们这么辛苦工作，供你吃供你喝，你对得起我们吗？

考这么差，你还有脸回来？

从今天开始，平板没收，电视不许开机，放学马上给我做卷子！

### ☺ 高情商说法

一次发挥不好很正常，不过，咱们是不是得找一找问题出在哪呢？

你是不是碰到什么问题啦，跟爸爸好好说说。

这有什么好对不起的，不要担心，妈妈跟你一起找一找问题，把它解决掉，下次不就能考好了吗？